新农村
科学生活方式规程

XINNONGCUN KEXUE SHENGHUO FANGSHI GUICHENG

奥秘画报社 编

云南出版集团

YNKJ 云南科技出版社

·昆明·

图书在版编目（ＣＩＰ）数据

新农村科学生活方式规程 / 奥秘画报社编 . —— 昆明：云南科技出版社 , 2020.7（2021.6 重印）

ISBN 978-7-5587-2909-6

Ⅰ . ①新… Ⅱ . ①奥… Ⅲ . ①生活方式－普及读物 Ⅳ . ① C913.3-49

中国版本图书馆 CIP 数据核字 (2020) 第 114751 号

新农村科学生活方式规程
奥秘画报社　编

责任编辑：唐坤红
　　　　　洪丽春
助理编辑：张　朝
责任校对：张舒园
责任印制：蒋丽芬

书　　号：ISBN 978-7-5587-2909-6
印　　刷：永清县晔盛亚胶印有限公司
开　　本：850mm×1168mm 1/32
印　　张：4.75
字　　数：120 千字
版　　次：2020 年 7 月第 1 版
印　　次：2021 年 6 月第 4 次印刷
定　　价：26.00 元

出版发行：云南出版集团公司　云南科技出版社
地　　址：昆明市环城西路 609 号
网　　址：http://www.ynkjph.com/
电　　话：0871-64190889

编委会

主　　编　　张泽军

副 主 编　　刘　强　向　云

　　　　　　袁晓瑭　王　彦

执行主编　　卢　骏

目 录
CONTENTS

1 卫生

2 文明礼仪

3 居家安全

4 健康保健

5 安全生产

1

卫生

卫生让生活更健康美好

个人卫生规程

健康生活的作息时间

时　间	内　容
06:30	起床
06:35~06:45	洗漱
07:00~07:30	家务
07:30~10:30	农活
10:30~11:00	午饭
11:00~12:00	家务
12:00~17:30	农活
17:30~18:00	晚饭
18:00~19:30	家务
19:30~21:00	休息
21:00~21:30	洗漱
21:30~06:30	睡觉

"八勤"要做到

一勤：勤洗手

洗手频率：外出归来、饭前、便后、摸过脏东西之后都要洗手。

洗手步骤：淋湿手，打上肥皂或洗手液，均匀涂抹，搓出沫儿；掌心对掌心搓揉；手指交叉，掌心对手背搓揉；手指交叉，掌心对掌心搓揉；双手互握搓揉手指；拇指在掌中搓揉；指尖在掌心中搓揉；对手腕清洗；最后再用流动的自来水冲洗干净，直至手上不再有肥皂沫为止。

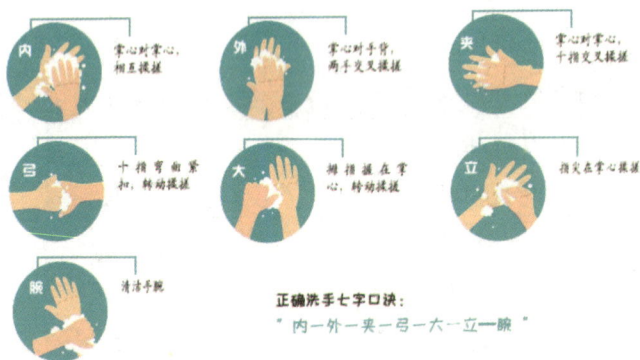

内	掌心对掌心，相互搓揉
外	掌心对手背，两手交叉搓揉
夹	掌心对掌心，十指交叉搓揉
弓	十指弯曲紧扣，转动搓揉
大	拇指握在掌心，转动搓揉
立	指尖在掌心搓揉
腕	清洁手腕

正确洗手七字口诀：
"内—外—夹—弓—大—立—腕"

二勤：勤刷牙

刷牙频率：早晨起床后、晚上睡觉前都要刷牙，餐后要漱口。每次刷牙的时间不能少于3分钟，使用温水刷牙。

刷牙方式：每天刷2次牙，每次刷牙的时间至少3分钟。刷牙要上下刷，每个牙面至少都要刷3次，牙刷的刷毛和牙龈呈45°角，稍稍用力即可。目前最常用的是巴氏刷牙法，不能横刷。

牙刷选择：建议选择刷头小，刷毛软硬适中，排列疏密恰当的牙刷。一把牙刷使用的期限为4～5个月，发现牙刷的毛有弯曲或外翻现象时，就应及时更换。

牙齿要求坚持"三三"制，每日三餐后的3分钟内要漱口。另外在出席社交场合前不能吃带有强烈气味的食品，例如韭菜、大蒜、臭豆腐等。

三勤：勤洗头

洗头频率：每个人一周需要洗头4～7次，建议至少3天洗一次头。

洗头方式：洗头发的时候应全程头向后仰，保持头发在你的背后。用温水洗头，用手把洗发露搓出泡沫后再抹到头发和头皮上搓洗。

头发的要求要遵循"三不"原则：不能有味、不能出绺、不能有头皮屑。

四勤：勤洗澡

洗澡频率：夏季每天应冲洗 1 次；而冬、春、秋可延长至 3 天一次。老年人可适当减少洗澡次数。

洗澡水的温度：应与体温接近为宜，即 35～37℃，尤其注意孕妇洗澡时的水温不要太高。

洗澡时间：均不宜过长，每次洗澡时间以 15～30 分钟为宜。洗澡时正确的顺序是洗脸、洗澡、洗头。

刮风下雪天和雷雨天尽量不要洗澡；饱食、空腹、发烧时不要洗澡；喝酒、高强度运动、拔罐、打完胰岛素后都不应立即洗澡。

洗澡时应保证通风，做好防滑工作，浴室应使用防水的插座和开关，吹风机等电器应放在浴室外，洗澡前后及时喝水。

洗澡不要过度清洁，不是每次洗澡都要使用肥皂或沐浴露，皮肤油时才需要使用。

五勤：勤换衣

换衣频率：衣服要勤更换，夏天内衣和袜子一天一换，其他衣物一周更换 3 次；冬天内衣和袜子可改为两天一换，不要超过 3 天，其他衣物可以一周两换。

清洗衣物频率：不同衣服清洗周期不一样，牛仔裤可在 4 ～ 5 次穿着后清洗；T 恤、袜子、内衣、运动时穿着过的衣服建议每次穿着后就清洗；羽绒服、大衣等冬季衣物可一季一次或两次清洗；羊毛衫若穿着时未流汗或未身处气味较大的地方，可在 8 ～ 10 次穿着后清洗；睡衣建议 3 ～ 4 次穿着后清洗。

六勤：勤剪指（趾）甲

剪指甲频率：每星期应剪 1 ～ 2 次指（趾）甲。在正式场合要保持指甲的整洁。有人习惯将小指指甲留长，有的女士将指甲染得过分鲜艳，有的人当众剪指甲，这些多是不良举止，应加以修正。

注意事项：不应将指甲修剪得过短，且平时要注意保证指甲缝的干净，洗手时一定要清洁指甲缝。

七勤：勤理发

理发频率：男性一般 2 周左右理一次发，建议发长不过耳，不留大鬓角。女性若是短发，最好每个月剪一次，若是长发建议最长 3 个月剪一次。

八勤：勤刮胡须

刮胡须频率：男性每天需刮一次胡须。

刮胡须方式：刮胡须时首先要润湿脸颊，令毛孔充分舒张且脸不滴水；然后涂泡沫，减少刀刃与皮肤的摩擦力，如果使用的是电动的剃须刀不需要；剃胡须的时候，记得要先从左到右，再从上到下，先顺着胡须的生长顺序来剃，再逆着剃；剃完后，记得用热水泡毛巾，然后轻轻把面部的泡沫或者是胡须擦干净。

鼻毛、胡须、腋毛男士在日常生活中尤其是出席社交场合中要注意修剪鼻毛和胡须，以保持面部的清洁。女士在夏季，尤其是出席社交场合中要注意对腋毛的清理。

个人行为"五不"

8 ❌乱丢乱吐 ❌乱写乱画乱踏 ❌随地大小便

❌随地吐痰 ❌乱丢果皮纸屑

庭院卫生规程

庭院卫生基本内容

保持庭院卫生整洁，及时清理房前屋后杂物，因地制宜，做到植株下无垃圾、无柴草乱堆、粪土乱堆、牲畜乱跑等现象。

房前屋后要清扫干净，不乱堆乱放，无吊挂杂物，无油腻污迹，无污水横流；房屋外立面干净整洁，不乱贴乱画，乱张贴文字广告，保持窗明亮净。

村落社区清扫，保洁质量达到规定要求，公共场所和重点路段保洁时间不低于12小时，保证村内道路整洁。无污水横流，路旁及空地整洁，做到室内外环境整洁，无卫生死角，垃圾日产日清，垃圾的堆放和处理要做到定点堆放，定时清运，专人负责，集中处理，逐步推行生活垃圾袋装化和分类收集，保持房屋和道路两侧排水沟排水畅通，排水沟内无垃圾，主干排水沟内的垃圾由保洁人员负责清理，确保河道清洁畅通。

农户房屋各类设施、遮阳篷、门头牌匾、标志牌应保持干净整洁，无污迹、灰尘，内容健康，无错别字。

农户在修建施工时用过的沙石、砖瓦、废土等要及时自行清除，保证道路畅通、整洁。

农民的柴垛、粪堆、秸秆等物品要定点存放，杜绝乱堆乱放现象。

农户不违规饲养牲畜和放养家禽，家禽家畜尽可能圈养而不散养，保证主干道无禽畜粪便。积极参加群众性爱国卫生运动，加强灭鼠、灭蝇除"四害"工作。确保室内鼠密度控制在1%以下，室外鼠密度控制在2%以下。

庭院卫生做到"五无"

★ 无暴露性垃圾和卫生死角。对路边、墙边、公共地段、村庄内的垃圾彻底清除，无暴露性生产及生活垃圾。沿路沿街要求无零星垃圾，无白色垃圾和暴露垃圾。垃圾桶垃圾不外溢，建筑、医疗生产垃圾专项处理；垃圾桶、垃圾池内的垃圾做到日产日清；废旧物品收购封闭经营。

10

★ 无乱堆乱放。辖区不得占道经营，随意堆放货物，确保有序经营，无乱搭乱建、私拉乱接、违章占道、出店经营、秩序混乱，道路两侧、农户房前屋后乱堆乱放要有序清理，柴堆、煤堆进院，粪堆全部清理到田间地头，料堆堆放整齐并采取围挡等措施；家禽家畜全部入户圈养；禁止在公路上打场晒粮，摆摊设点。

★ 无污水横流。对所有排水沟、下水道要进行疏通，确保污水有序排放。禁止污水乱泼乱倒，无污水横流现象。强化对相关工业企业监管，确保其污染物排放达标，不造成空气、水源、土壤污染。

★ 无杂草垃圾。路边排水沟中的杂草垃圾要及时清除，确保环境美化。绿化带、花坛、公共场所卫生整洁，做到无杂草、无乱堆放和无畜禽外窜散养。加强农村农业污染面源的管理，做好化肥、农药等农资产品包装物的回收管理，统一处置。

★ 无随意焚烧。夏秋两季秸秆有效处理，合理利用，推行秸秆还田，严禁路边堆放，严禁焚烧秸秆。

居家卫生规程

居室要通风，室内要清洁卫生。

家居整洁美观，桌面地面每天打扫，确保无尘土杂物。

房梁、墙壁打扫彻底，无蛛网无灰尘。

家具器物摆放整齐美观，勤擦拭，无尘土。

房屋门窗每月擦洗，保持明亮舒畅。

卧具要干净，被褥要勤洗勤晒，床单每月清洗、被罩每季清洗，窗帘、门帘勤洗勤换，无明显污渍。

棉被叠置整齐，被罩、床单保持平整。

日用针织品均清洁，确保舒适。

室内备有垃圾收集袋或简易垃圾桶，生活垃圾及时入袋入桶。

进出请检查大门是否锁好。上下班禁止在楼梯间喧哗，晚上下班尽量小声些，以免扰民。窗子最好根据天气情况选择是否开关，以免下雨淋湿。

卫生间注意事项

▲ 地漏不可随意拿起，洗完澡清理地漏，以免堵塞。

▲ 洗脸池用完应将溢出的水擦干，保持台面清洁干爽，并将擦完的毛巾搓洗干净。

▲ 洗完澡负责地面的清理，拖把拖干净后应及时清洗，并由最后一位用完的人清洗干净，晾放阳台，防止异味。

▲ 用完马桶应自觉冲洗。

▲ 女生生理期的垃圾袋自觉更换，保持卫生干净整洁。

▲ 洗澡前放出的冷水应用水桶接好备用，用于冲马桶或者洗衣服。不用时应关闭热水器，随手关灯，避免浪费。房间内若开启空调，应记得关门窗。

衣服的晾晒

对于未脱水的衣服应放卫生间或淋浴间沥水后放阳台，或者直接晾晒至阳台室外，注意楼下情况，以免淋湿邻居衣物。晾晒室内的衣物应务必脱水。

厨房卫生规程

搞好厨房卫生，保障餐食安全

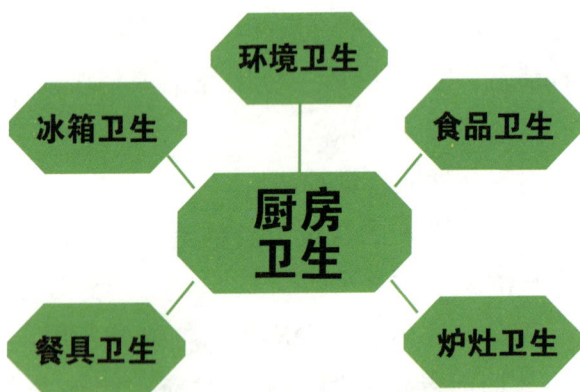

环境卫生

冰箱卫生

食品卫生

**厨房
卫生**

餐具卫生

炉灶卫生

环境卫生

厨房定期清扫整理，并时刻保持环境卫生。保持地面、台面、橱柜清洁光亮，无油渍、水迹、卫生死角、杂物。厨房使用后，调料加盖，碗筷清洗干净，剩菜、剩饭进冰箱。工具、用具、台面、地面清理干净，防止残留食物腐蚀，餐厨废水、垃圾及时处理，不在厨房隔夜。勤擦门窗，灶具、冰箱等设备损坏应及时修理。

14

食品卫生

检查原料，变质、有毒、有害食品不烹饪、不食用。食材应保持新鲜、清洁、卫生，并于清洗后，分类用保鲜袋包紧，或装在有盖容器内，分别储存于冰箱内，鱼肉类取用处理要迅速，以免反复解冻而影响鲜度，勿将食物暴露在生活常温太久。凡易腐败饮食物品，应贮藏在0℃以下冷藏容器内，熟的与生的食物分开贮藏，防止食物气味在冰箱内扩散及吸收箱内气味，并备置脱臭剂或木炭放入冰箱，可吸净臭味。食品容器清洁，炊具做到刀具不锈、砧板不霉，加工台面干净，配菜盘与熟菜盘有明显区别。食品充分加热，防止里生外熟，隔顿、隔夜、外购熟食要回烧后再食用。蔬菜不得有枯叶、霉斑、蛀虫、腐烂，干货、炒货、海货、粉丝、调味品、罐头等要妥善储藏，不得散放、落地。食物应在台面上操作、加工，并将生熟食物分开处理，刀、菜、墩、抹布必须保持清洁、卫生。

冰箱卫生

冰箱储存物品有条理，定期化霜。保持冰箱内外清洁，每日擦洗一次。每日检查冰箱内食品质量，杜绝生熟混放，严禁叠盘，鱼类、肉类、蔬菜类相对分开，减少串味，必要时应使用保鲜膜。

餐具卫生

餐具必须清洗整洁，有条件的可消毒，经消毒后，无水迹、油迹、灰迹，且不得缺口、破边。切放器具要生熟分开，加工机械必须保持清洁。熟食、熟菜直接装入干净的盘子上桌。不锈钢器具必须保持本色，不洁餐具清洗消毒后方可重新使用。

炉灶卫生

灶台保持不锈钢本色，不得有油垢，使用结束后清洗干净。锅具必须清洁，摆放整齐。炉灶台面清洁、无油渍，炉灶排风要定期清洗，不能有油垢。各种调料罐、缸必须清洁并加盖。

厕所卫生规程

卫生厕所建设标准

卫生厕所要有墙有顶，贮粪池不渗、不漏、密闭有盖，厕内清洁，无蝇蛆，基本无臭，具备有效降低粪便里生物性致病因子传染性的设施。在高寒地区，贮粪池、便器、冲水与贮水设施等要采取防冻措施。

卫生厕所粪便处理标准

通过卫生厕所处理后的粪便基本达到减少、去除或杀灭粪便里的肠道致病菌、寄生虫卵等病原体，并使其可直接用于农业施肥、农业资源化利用等。

卫生厕所维护管理标准

厕所内地面要保持无积水、垃圾，要有纸篓及清扫工具，便器要无粪迹、尿垢、杂物，卫生厕所建筑及配套设施要定期维护，贮粪池要适时清掏。

卫生厕所应当无臭无味，清洁卫生，看不见粪便，对周围环境无污染。

文明使用公厕，维护厕内卫生

⭘ 小便入池，大便入坑，用过的纸巾要放入纸篓，便后及时冲水，避免粪便暴露，产生难闻气味，滋生蝇蛆。

⭘ 便后洗手，及时关闭水龙头。

⭘ 不在公共厕所内吸烟。

⭘ 不乱倒污水，不乱扔垃圾，不随地吐痰，把垃圾杂物扔进垃圾筒内，保持厕所清洁。

⭘ 爱护厕所内公共设施，不乱贴乱画。

家庭厕所及时清扫，创建家居生活好环境

⭘ 保证厕所干净整洁，尤其要保证便器的卫生，无粪迹、尿迹、痰迹和蝇蛆等其他污物，避免尿迹及粪迹产生臭气并滋生蝇蛆。

⭘ 厕所内空气流通，无异味。

⭘ 设施和工具摆放有序，干净整洁。

18

饮食卫生规程

饮食卫生基本知识

★ 养成吃东西以前洗手的习惯。

★ 生吃瓜果要洗净。

★ 不随便吃野菜、野果、野生动物。

★ 不吃腐烂变质的食物。

★ 不随意购买、食用街头小摊贩出售的劣质食品、饮料。

★ 在商店选购食品时，应注意有无生产厂家及生产日期，不食用无标签或非正规生产厂家出产的包装食品，不食用过期变质的食品和病死的禽、畜肉，不吃无卫生保障的生食食品。

★ 不喝生水。

★ 食用鱼、虾、肉、蛋、奶等食品时必须保证选料新鲜、干净，不吃隔夜变味的饭菜，尽量少吃或不吃剩饭菜，如果吃剩饭菜，一定要彻底加热。

★ 不吃腐烂变质的食物。食物腐烂变质，就会味道变酸、变苦，散发出异味，这是由细菌大量繁殖引起的，吃了这些食物会造成食物中毒。

★ 坚持一日三餐，做到有规律进食，不暴饮暴食。

★ 出现食物中毒后，应尽快消除毒物，立即上报，迅速送医院救治。

19

饮食卫生误区

❌ 好热闹喜聚餐：这样做不利于健康，不符合饮食卫生，最好实行分餐制。分餐的做法是对别人和自己生命健康的负责和尊重。

❌ 用报纸、白纸包食物。

❌ 用酒消毒碗筷。

❌ 抹布清洗不及时。

❌ 用卫生纸擦拭餐具。

❌ 用毛巾擦干餐具或水果。

❌ 将变质食物煮沸后再吃。

❌ 把水果烂掉的部分剜掉再吃。

2

文明礼仪

文明礼仪让你我更亲近

仪容仪表规程

仪容的修饰注意事项

仪容要干净

要勤洗澡、勤洗脸，脖颈、手、足、耳及耳后、腋下等都应要干干净净，并经常注意去除眼角、口角及鼻孔的分泌物。要勤换衣服，消除身体异味，如有狐臭要搽药品或及早治疗。

仪容应当整洁

整洁，即整齐洁净、清爽，仪容应当注意卫生。

注意口腔卫生，早晚刷牙，饭后漱口，不能当着客人面嚼口香糖；指甲要常剪，头发按时理，不得蓬头垢面，体味熏人。

仪容应当简约、端庄

仪容既要修饰，又忌讳标新立异，"一鸣惊人"，简练、朴素最好。

仪容仪表标准

整体

整齐清洁,自然,大方得体,精神奕奕,充满活力。

头发:头发整齐、清洁,不披头散发。前不遮眉,侧不过耳,后不触领,长发刘海不过眉,过肩要扎起(使用发夹,用发网网住,夹于脑后),整齐扎于头巾内,不使用夸张耀眼的发夹。

耳饰:只可戴小耳环(无坠),颜色清淡。

面貌:精神饱满,表情自然,不带个人情绪,面着淡妆,不使用有浓烈气味的化妆品,不可用颜色夸张的口红、眼影、唇线;口红脱落,要及时补妆。

手:不留长指甲,指甲长度以不超过手指头为标准,不准涂有色指甲油,经常保持清洁,除手表外,不允许佩戴任何首饰。

衣服:合身、烫平、清洁、无油污,长衣袖、裤管不能卷起,夏装衬衣下摆须扎进裙内,佩戴项链、饰物不得露出衣服外。

围兜:清洁无油污、破损,烫直,系于腰间。

鞋:保持清洁,无破损,不得趿着鞋走路。

袜子:袜子无勾丝,无破损,只可穿无花、净色的丝袜。

身体:勤洗澡,无体味,不得使用浓烈香味的香水。

站姿

▲ 躯干：挺胸、收腹、紧臀、项挺直、头部端正、微收下颌。

▲ 面部：微笑、目视前方。

▲ 四肢：两臂自然下垂，两手伸直，手指落在腿侧裤缝处。特殊营业场所两手可握在背后或两手握在腹前，右手在左手上面。两腿绷直，脚间距与肩同宽，脚尖向外微分。

坐姿

▲ 眼睛目视前方，用余光注视座位。

▲ 轻轻走到座位正面，轻轻落座，避免扭臀寻座或动作太大引起椅子乱动及发出响声。

▲ 当客人到访时，应该放下手中事情再起来相迎，当客人就座后自己方可坐下。

▲ 造访生客时，坐落在座椅前 $1/3$；造访熟客时，可落在座椅的 $2/3$，不得靠依椅背。

▲ 女士落座时，应用两手将裙子向前轻拢，以免坐皱或显出不雅。听人讲话时，上身微微前倾或轻轻将上身转向讲话者，用柔和的目光注视对方，根据谈话的内容确定注视时间长短和眼部神情。不可东张西望或显得心不在焉。

▲ 两手平放在两腿间，也不要托腮、玩弄任何物品或有其他小动作。

▲ 两腿自然平放，不得跷二郎腿，男士两腿间距可容一拳，女士两腿应并拢，脚不要踏拍地板或摆动。

▲ 从座位上站起，动作要轻，避免引起座椅倾倒或出现声响，一般从座椅左侧站起。离位时，要将座椅轻轻搬起至原位，再轻轻落下，忌拖或推椅。

动姿

○ 行走时步伐要适中，女性用小步。切忌大步流星，最禁奔跑（危急情况例外），也不可脚擦着地板走。

○ 行走时上身保持站姿标准。大腿动作幅度要小，主要以向前弹出小腿带出步伐。忌讳挺髋扭臀等不雅动作，也不要在行走时出现明显的正反"八字脚"。

○ 走廊、楼梯等公共通道，应靠右而行，不宜在走廊中间大摇大摆。

○ 几人同行时，不要并排走，以免影响客人或他人通行。如确需并排走时，并排不要超过3人，并随时注意主动为他人让路，切忌横行直撞。

○ 不论在何地方遇到客人，都要主动让路，不可抢行。

○ 在单人通行的门口，不可两人挤出挤进，遇到客人或同事，应主动退后，并微笑着做出手势"您先请"。

○ 在走廊行走时，一般不要随便超过前行的人，如需超过，首先应说"对不起"，待人闪开时说声"谢谢"，再轻轻穿过。

○ 和人对面擦过时，应主动侧向，并点头问好。

○ 做向导时，要走在人前两步远的一侧，以便随时向客人解说和照顾客人。

26

○ 行走时不得哼歌曲、吹口哨和跺脚。

○ 不得忸怩作态，做怪脸、吐舌、眨眼、照镜子、涂口红等。不得将任何物件夹于腋下。

着装文明规程

着装基本要求

整洁合体

保持干净整洁，熨烫平整，穿着合体，纽扣齐全，搭配协调。

款式、色彩、佩饰相互协调。不同款式、风格的服装，不应搭配在一起。仪容应当整洁。

体现个性

与个人性格、职业、身份、体形和肤色等特质相适应。

随境而变

着装应该随着环境的不同而有所变化。同一个人在不同时间、不同场合，其着装款式和风格也应有所不同。

遵守常规

遵循约定俗成的着装规矩。如西装应在拆除袖口上的商标之后才可以穿着；西装外袋不应存放随身物件。

不可在公众场合光膀子、卷裤腿、穿睡衣。女性在办公场所不宜穿着吊带装、露脐装、超短裙、短裤等。

脖子比较短的人不适合穿着高领衫，体形较胖的人应尽量避免穿着横格子的上衣。

佩戴饰物要尊重文化和习俗。

男士穿着西装注意事项

★ 要拆除衣袖上的商标。

★ 要熨烫平整。

★ 要扣好纽扣。

★ 衣袖要不卷不挽。

★ 要慎穿毛衫。冬季可以穿一件"V"领单色羊毛衫，不妨碍打领带。

★ 要巧配内衣。内衣的色彩应与衬衫色彩相仿，款式上短于衬衫。

★ 要少装东西。上衣内侧胸袋可用来放钢笔、钱夹或名片夹。

与衬衫的搭配

▲ 正装衬衫与西装配套，应选择单色无任何图案为宜，白色最佳。除此之外，蓝色、灰色、棕黑色有时也可以考虑。

▲ 衣扣要系上。只有在穿西装而不打领带时，才可以解开衬衫的领扣。

▲ 下摆要放好。

▲ 袖长要适度。最美观的做法是衬衫的袖口恰好露出 1 厘米左右。

▲ 领口要高于西装领口。

▲ 大小要合身。

与领带的搭配

〇 尽量少打浅色或艳色领带。如果多色，不要超过 3 种。

〇 正式场合最好选择无图案的领带，或者是条纹、圆点、方格等规则的几何形状为主的领带。

〇 丝质的领带是首选。

〇 一条好的领带，应是外观美观、平整，无跳丝、疵点、线头，衬里不变形，悬垂挺括，较为厚实。宁肯不打领带，也不要以次充好。

与鞋袜的搭配

★ 黑色牛皮鞋最适宜与西装搭配。皮鞋要鞋内无味、鞋面无尘、鞋底无泥、尺码恰当。

★ 袜子以深色、单色为宜，最好是黑色。别穿太短太小的袜子。

29

女士穿着礼仪

女士在正式场合最适宜的职业装是套裙。

套裙的选择

▲ 面料上乘。

▲ 色彩宜少。

▲ 图案忌花哨。

▲ 点缀忌多。

▲ 尺寸合适。上衣平整、挺括、贴身，裙子以窄裙为主。

▲ 款式时尚。

鞋袜的搭配

O 黑色或与套裙颜色相近的皮鞋为宜，不要有图案或装饰过多。

O 袜子以单色的肉色丝袜最佳。高筒袜和连裤袜为标准搭配。袜口不可暴露在外，丝袜要无皱、无脱丝。

语言文明规程

日常场合语言

与人保持适当距离

让对方感到有种亲切的气氛，同时又保持一定的"社交距离"，在常人的主观感受上，这也是最舒服的。

恰当地称呼他人

无论是新朋友还是老朋友，一见面就得称呼对方。对有头衔的人称呼他的头衔，就是对他莫大的尊重。直呼其名仅适用于关系密切的人之间。你若与有头衔的人关系非同一般，直呼其名来得更亲切，但若是在公共和社交场合，你还是称呼他的头衔会更得体。对于知识界人士，可以直接称呼其职称。

善于言辞的谈吐

　　交谈一般选择大家共同感兴趣的话题，但是，有些不该触及的问题：比方对方的年龄、收入、个人物品的价值、婚姻状况、宗教信仰等，还是不谈为好。

语言交流注意事项

　　与人交谈时，首先应保持衣装整齐、整洁。

　　交谈时，用柔和的目光注视对方，面带微笑，并通过轻轻点头表示理解客人谈话的主题或内容。

　　站立或落座时，应保持正确站姿与坐姿。切忌双手叉腰、插入衣裤口袋、交叉或摆弄其他物品。

　　他人讲话时，不可整理衣装、摆弄头发、摸脸、挖耳朵、抠鼻孔、搔痒、敲桌子等，要做到修饰避人。

　　最禁大声说笑或手舞足蹈。

　　在客人讲话时，不得经常看手表。

　　三人交谈时，要使用三人均听得懂的语言。

　　不得模仿他人的语言、语调或手势及表情。

在交际中令人讨厌的行为

★ 经常向人诉苦，包括个人经济、健康、工作情况，但对别人的问题却不予关心，从不感兴趣。

★ 唠唠叨叨，只谈论鸡毛小事，或不断重复一些肤浅的话题及一无是的见解。

★ 态度过分严肃，不苟言笑。

★ 言语单调，喜怒不形于色，情绪呆滞。

★ 缺乏投入感，悄然独立。

★ 反应过敏，语气浮夸粗俗。

★ 以自我为中心。

★ 过分热衷于取得别人好感。

交际用语

初次见面应说：幸会
看望别人应说：拜访
等候别人应说：恭候
请人勿送应用：留步
麻烦别人应说：打扰
请人帮忙应说：烦请
求给方便应说：借光
托人办事应说：拜托
请人指教应说：请教
他人指点应称：赐教

请人解答应用：请问
赞人见解应用：高见
归还原物应说：奉还
求人原谅应说：包涵
欢迎顾客应叫：光顾
老人年龄应叫：高寿
好久不见应说：久违
客人来到应用：光临
中途先走应说：失陪
与人分别应说：告辞

33

行为文明规程

起居礼仪

▲ 按时作息，晚上睡前向父母道晚安，衣物要整齐摆放。夜间上洗手间，轻声慢步，不打扰家人休息。

▲ 起床时，穿衣动作要迅速，主动叠被并清理床单。如果家人还未起床，要轻手轻脚，不影响家人休息；如果家人已经起床，要主动向他们问好。

▲ 对父母长辈不能直呼姓名，更不能以不礼貌言语代称，要用准确的称呼，如爸爸、奶奶、老师、叔叔等，不给他人取绰号、说花名。

▲ 向父母、长辈问候致意，要按时间、场合、节庆不同，采用不同的问候。

家庭就餐礼仪

○ 进餐前请长辈或客人先行就座，主动给长辈或客人添饭加菜。家人（或客人）给自己添饭加菜时，要主动道谢。要主动把适合长辈或客人口味的菜摆在长辈或客人面前。

○ 进餐时不口含食物讲话；吃东西或喝汤要小口吞咽，闭嘴咀嚼，尽量不发出响声。夹菜时不要用筷子在盘中挑拣；如果有公用筷或公用勺，要尽量使用公用筷或公用勺。

○ 用完餐后，尽量不提前离席，如果确实需要提前离开，应该轻声向家人礼貌打招呼；等全家人用完餐后，应该主动帮家人收拾餐桌，洗刷碗筷。

○ 具体要求

（1）请长辈先入座。

（2）等长辈先拿碗筷后，自己再拿碗筷。

（3）吃东西或喝汤时要小口吞咽，闭嘴咀嚼，尽量不发出响声。

（4）别人给自己添饭菜，要说"谢谢"。

（5）主动给长辈添饭加菜。

（6）先吃完饭要说"大家慢慢吃"。

（7）坐在指定的座位上，两脚自然并拢，双腿自然平放，坐姿自然，背直立。

（8）碗、碟轻拿轻放，摆放整齐。

待客礼仪

★ 家里来客人时，要先问清来访人身份，如果不能开门，应说明原因并致歉。

★ 客人进门后，不要冷落客人，要以主人的身份主动亲切地向客人打招呼，并请客人入座；客人入座后，应准备茶水或饮料，双手递送。

★ 如果客人谈论事情与自己无关，应该主动回避，看电视、玩游戏要尽量小声，以免打扰其他人的谈话。

★ 客人告辞时，要等客人起身后再相送，并主动同客人说"再见"；客人离开时，应该礼貌目送，不要立刻大声关门。

★ 客人来访，要热情迎接，并主动向家人介绍；在家活动应该尽量保持安静，以免影响家人。

★ 如果在吃饭时，客人来访，应主动邀其一起用餐，若客人来前已经用餐，不要冷落他们，应该先安排客人就座，找些书报或杂志给他们看后再接着吃饭。客人告辞离开时，应该主动相送，并欢迎他们下次来访。

★ 接听电话要热情，说话音量要适中。接电话时要先说"您好"；接话完毕，应谦恭地问一下对方"请问您还有什么事情吗"；通话结束时应该说"再见"，并轻轻挂断电话，切忌鲁莽地将电话"咔哒"一声挂断。在一般情况下，接电话者应让对方先挂机。

做客礼仪

▲ 去亲友家做客要仪表整洁，尽可能带些小礼品，以表示对主人的尊重。

▲ 在亲友家，不能大声大气说话，要谈吐文明。

36

▲ 不经主人允许，不可随意动用主人家里的东西，即便是至亲好友也应先打招呼，征得主人同意后才能动用。

▲ 如果在主人家用餐，要注意用餐礼仪，不能抢先入座，不能先动食物。

▲ 告别时，要说感谢的话，如"今天真高兴""欢迎到我家去"。

交通礼仪

○ 自觉遵守交通规则，听从交通民警和交通信号的指挥。过马路要走人行横道，不闯红灯，不翻越交通隔离护栏，不抢行机动车道，不三五成群并排行走；不追逐打闹，不横冲直撞，不在行人拥挤的路段逗留。

○ 乘坐公共交通工具时应主动配合乘务人员维护公共秩序，自觉排队，按照先下后上的规定有序上车；上车后自觉购票；尊老爱幼，主动给老、幼、病、残、孕妇及师长让座，不抢占座位；不大声喧哗，不乱扔垃圾，不在车上吃瓜果、瓜子、花生和其他零食。

○ 在街上或马路上行走时，要互相礼让，主动给长者、残疾人和有需要的人士让路，尽量不要在人多的地方逗留。在路上遇到熟人要打招呼，不能视而不见；如果需要交谈，应注意安全，尽量到路边或其他安全地带，不要站在道路当中或人多拥挤的地方谈话。

⭕ 向别人问路时，要先用礼貌语言打招呼，如"对不起，打扰您一下""请问"等；听完回答之后，一定要说"谢谢"。如果别人向自己问路，则应认真、仔细回答，如果自己不清楚，则应礼貌说明并致歉。

⭕ 走人行道，不践踏草坪，不穿越绿篱；遵守交通规则，不在马路中间骑自行车，更不准骑飞车或空把骑车。

公共场所礼仪

⭐ 在公共场所要做合格公民，不大声喧哗，不追逐打闹，表情亲切自然；要维护公共场所设施，爱护公共场所卫生；要热爱大自然，不攀折树木，不掐折花草。

⭐ 使用公共卫生间要自觉排队，便后一定要冲洗厕所。洗手时不要将水溅到外面。

⭐ 观看电影或演出时，要准时入场，不迟到，不早退，不随便走动；要注意坐姿，不要将脚跷到前排椅子上；要保持安静，不交头接耳，不议论、不评价演员或剧情；每一个节目结束时，应该热情鼓掌；演员谢幕后方可退场，退场时要礼让有序；讲究卫生，不带食物进场，退场时要清理自己所用的物品，不乱扔垃圾。

★ 在图书馆、阅览室等公共学习场所，要遵守规则，爱护书籍，保持安静和卫生，不吃零食；看完图书应放回原处，走动时脚步要轻。不要为别人预占位置。入座时应该轻轻搬出椅子，离开前应该轻轻将椅子还原摆好。

★ 在公共场所出入门时，应看身后是否有人随后出入，如有人相随，则应把门推（拉）开，等身后的人出入后方可轻声关门。

餐厅就餐礼仪

▲ 进入餐厅要安静有序，拿取餐具相互礼让，不急跑；买饭菜时要排队，不插队，不争抢，不拥挤。

▲ 进餐时要遵守食堂秩序，保持安静，爱惜粮食。

▲ 进餐后要自己收拾自己的餐桌，把餐具轻放到指定地点，摆放整齐，不乱扔餐具与垃圾，保持餐厅卫生。

购物礼仪

○ 自觉遵守购物公德，在购物商场和商店不大声喧哗，不追逐打闹，不损坏商品，不随地吐痰，不乱扔垃圾。

○ 购物态度平易亲切，尊重他人，交易自愿和谐。不强买，不恶意诋毁商品，不故意找茬压价。

○ 对服务员的问候要礼貌回复；对服务员的帮助要及时得体地表示感谢。

○ 进超市购物，按规定存包；购物时，对已选购的商品感到不满意，不能随意放置，应主动将其放回原货架区；选择商品，要轻拿轻放。

○ 超市内的商品不得随意品尝和试用，不"顺手牵羊"，不占小便宜。付账时要自觉排队，对有急事的顾客应该照顾和礼让；离开时，要有礼貌地向服务人员致谢。

社会交往礼仪

★ 到亲戚、同学或朋友家拜访，应事先联系，征得同意后方可登门。作客时应仪表整洁，谈吐文明，举止大方得体，不大声喧哗；未经他人同意，不得随意动用他人物品。主人递送茶水或其他物品时，应双手承接。

★ 与人约定的事要守时守信，最好能提前赴约，但不宜太早；如果确实有特殊情况不能（或不能按时）赴约，应该提前告知对方并真诚道歉。

★ 与人交谈时要神情专注，自然大方，音量适度，不摇腿，不跷二郎腿，并尽量不要打电话、看书报等；听别人讲话要耐心认真，不随便插话，不左顾右盼。

★ 对他人有意见时，应该在适当时候、适当的场合当面委婉提出；与人有不同意见时，应该心平气和地沟通；不背后议论别人的缺点或缺陷。自己做错事时，应主动真诚致歉，得到别人帮助，应该及时致谢。

观光旅游礼仪

▲ 在旅游景区，自觉遵守社会公德。要爱护公物，特别要注意保护文物古迹，不乱刻乱画；举止文明，讲究卫生，不乱丢垃圾。

▲ 在宾馆或酒店住宿时，要讲究卫生，爱护房间的一切物品；衣物、行李等要摆放整齐；不大声喧哗，不影响他人休息。对服务员要以礼相待，对他们所提供的服务要表示感谢。

▲ 在餐馆进餐时应尊重服务员的劳动，对服务员应谦和有礼，当服务员忙不过来时，应耐心等待，不可敲击桌碗，甚至大声喊叫。对于服务员工作上的失误，要善意提出，切不可让人难堪。

出游礼仪

○ 出游时，必须了解并尊重出游地的文化、宗教信仰和风俗习惯。

○ 根据不同的场合选择合适的穿着，举止文雅，庄重大方，展现良好的精神风貌。

○ 在公共场合不修指甲、不挖耳朵、不脱鞋、不伸懒腰、不哼小调。打喷嚏、打哈欠时应用手帕或纸巾捂住嘴鼻，面向一侧，避免发出声音，避免将唾沫飞溅到别人身上。不长时间占用洗手间，便后要冲水。

○ 要养成排队的习惯，不大声喧哗，不乱扔垃圾。

42

涉外交往礼仪

★ 称呼外宾，可尊称先生、小姐、夫人、女士等；也可称对方行政职务或对方技术职称，如：校长先生、教授先生、尊敬的经理先生、部长阁下等。

★ 与外宾交谈，做到表情自然，态度诚恳，用语文明，表达得体，要注意自己的年龄和身份。要尊重对方隐私，不谈敏感的国家政治话题和让人尴尬的话题，不问对方的年龄、婚否、收入、经历、住址、个人生活、宗教信仰与政治见解等。

★ 赠送礼物，要尊重外宾习俗，回避外宾禁忌，要注意礼品的纪念性、民族性、针对性和差异性；要注意赠送的时机和场合；礼品要精心包装，赠送的礼品要尽量能宣传祖国、宣传家乡的美好形象。

网络礼仪

浏览礼仪

▲ 善于网上学习，对于所需查找的内容或相关网址，应提前做好准备，上网前要有明确的目标。

▲ 维护网络安全，遵守网络秩序，不制作和传播计算机病毒等破坏性程序，不侵犯别人的隐私，不盗用别人的 ID 和密码。

▲ 保持身心健康，不浏览不良信息，不浏览不健康、不文明的网页。

▲ 合理控制上网时间，网上游戏要有节制，不沉迷于虚拟时空。

交流礼仪

◯ 要与网友进行诚实友好的交流，语言规范，讲究文明，不使用攻击性、侮辱性语言，不侮辱欺诈他人。

◯ 不泄露个人隐私信息，不随意约会网友。

◯ 定时查看邮件，并及时回复。不打开不明邮件，以防感染电脑病毒；不发送无聊、无用的垃圾邮件。

3

居家安全

安全之水浇幸福之树

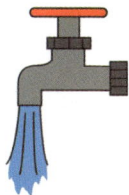

用水安全

家庭安全用水须知

★ 在装修改造时严禁私动表位，注意选用质量过关的供水管件。

★ 管道铺设完毕，应做一次打压试验，受压标准可选择 0.8MPa。

★ 平常各种用水设备应做到随用随关，特别是在无水的情况下，切记关闭各种用水设备，防突然来水时，跑、漏水事故的发生。

★ 发现水质，水压异常时，要及时拨打供水服务热线进行咨询。

★ 弄清家中供水设施的产权划分，定期做好供水设施的自检工作，发现漏水，及时联系责任部门维修，情况紧急的可直接拨打供水服务热线报修。

★ 寒冷的冬季要注意做好用水设备的防冻保暖工作。

★ 要注意节约用水，做到一水多用，循环使用。

发生漏水的处理

▲ 一般情况下家中发现漏水，先仔细观察，确定漏点的情况和位置。若漏量不大，可暂时在漏点的下方放置一接水的器皿，或用布条将漏点处绑结实，及时联系责任部门进行维修。情况紧急的，请关闭表后阀门止水，若不行，用布条将漏水部位绑结实，进行应急处理，然后立即拨打供水服务热线进行报修。

▲ 做好家中供水设施的自检工作，消除各种漏水隐患。

关闭家中所有用水器具的阀门，观察水表是否行走，出现行走，就可能存在漏水。

可往马桶的水池里滴几滴墨水，再仔细观察是否有水漏出，若有证明存在漏水。

发现漏水，及时联系责任部门维修，亦可拨打供水服务热线进行报修。

▲ 做好用水设备的防冻保暖工作

室外水管、龙头的防冻可用棉、麻织物或保暖材质包扎。

寒冷季节，请在临睡前关闭走廊和室内门窗，保持室温，同时关闭户表阀门，打开水龙头，放尽水管中的剩水。

48

▲ 对已冷冻的水龙头、水表、水管，宜先用热毛巾包裹水龙头，然后浇温水，使龙头解冻，再拧开龙头，用温水沿水龙头慢慢向管子浇洒，使水管解冻。若浇至水表处仍不见有水流出，则说明水表也冻住了，此时再用热毛巾在水表上用温水（不高于30℃）浇洒，使水表解冻。切忌用火烘烤。

▲ 家中长时间无人居住时

建议您到所辖自来水集团营业分公司办理暂停用水的手续。

检查家中各种用水设备是否处于全关闭状态，同时关闭户表阀门，打开水龙头，放尽水管中的剩水。

将自己的联系方式主动留给周围的邻居，在发生紧急情况时可随时与您取得联系。

家庭饮用水安全指南

◆ 三种水不能喝

老化水：就是放置时间太长的水。

千滚水：就是在炉上沸腾了一夜或很长时间的水，还有在电热水壶中反复煮沸的水。

重新煮开的水：水反复烧开，其中的亚硝酸盐含量会增加，常喝这种水，亚硝酸盐会在体内积聚，引起中毒。

◆ 饮水机夏季半月清洗一次

夏天里最好每半个月清洗一次饮水机，而冬天可以一个月清洁一次。清洗时可以用消毒液，浸泡水嘴之后一定要冲洗干净。

◆ 壶中水碱要及时清理。

◆ 水中出现异味应停止饮用。

◆ 直饮水也别随便喝。

◆ 空气水想喝就喝。

家庭生活科学节水常识

厨房用水节水

清洗炊具、餐具时，如果油污过重，可以先用纸擦去油污，然后进行冲洗。

用洗米水、煮面汤、过夜茶清洗碗筷，可以去油，节省用水量和洗洁精的污水。

洗污垢或油垢多的地方，可以先用用过的茶叶包（冲过并烤干）沾点熟油涂抹脏处，然后再用带洗涤剂的抹布擦拭，轻松去污。

清洗蔬菜时，不要在水龙头下直接进行清洗，尽量放入到盛水容器中，并调整清洗顺序，如：可以先对有皮的蔬菜进行去皮、去泥，然后再进行清洗；先清洗叶类、果类蔬菜，然后清洗根茎类蔬菜。

不用水来帮助解冻食品。

用煮蛋器取代用一大锅水来煮蛋。

个人清洁用水节水

洗手、洗脸、刷牙时不要将龙头始终打开，应该间断性放水。如：洗手、洗脸时应在打肥皂时关闭龙头，刷牙时，应在杯子接满水后，关闭龙头。减少盆浴次数，每次盆浴时，控制放水量，约$\frac{1}{3}$浴盆的水即可。

收集为预热所放出的清水，用于清洗衣物。

沐浴时，站立在一个收集容器中，收集使用过的水，用于冲洗马桶或擦地。不要长时间开启喷头，应先打湿身体和头发，然后关闭喷头，并使用浴液和洗发水，最后一次清洗。

使用能够分档调节出水量大小的节水龙头。过于频繁洗澡并不对皮肤健康有好处，每月以 2～4 次最为适宜。淋浴比缸浴洗澡节省水量达八成之多。间断放水淋浴，搓洗时不要怕麻烦，及时关闭水流；盆浴后的水可洗衣、冲厕所和拖地等。使用喷头洗淋浴时，掌握调节冷热水比例。

不要将喷头始终地开着，更不应敞开用水。洗澡要抓紧时间，头脚淋湿即关喷头，用肥皂或沐浴液搓洗，一次冲洗干净；洗澡时不要"顺便"洗衣物；澡盆洗澡水不要放满，1/4～1/3盆足够用。

洗衣用水与卫生间节水

集中清洗衣服，减少洗衣次数。

减少洗衣机使用量，尽量不使用全自动模式，并且手洗小件衣物。

漂洗小件衣物时，将水龙头拧紧，用流动水冲洗，并在下面放空盆收集用过的水，而不要接几盆水，多次漂洗。这样既容易漂净，又可减少用水总量，还能将收集的水循环利用。

漂洗后的水可以作为下次洗衣的洗涤用水，或用来擦地。

洗衣时添加洗衣粉应适当，并且选择无磷洗衣粉，减少污染。

衣物要集中洗涤，应尽量减少洗衣的次数；小件、少量的衣物提倡手洗；洗涤剂要适量投放，过量投放将造成水的大量浪费。洗少量衣服时，水位定得过高，不仅衣服洗不干净还浪费水；衣服集中起来洗，也能省水；将漂洗的水留做洗涤脏衣服，可以节省不少新鲜清水。

如果条件许可，请选用新型的节水马桶。

如果使用非节水型老式马桶，可以将一个盛满水的饮料瓶放到马桶的水箱中，以减少冲水量。（注意：此方法要注意不要阻碍水箱内的水体运动）

马桶不是垃圾桶，不要向马桶内倾倒剩菜和其他杂物，避免因为冲洗这些杂物而造成的浪费。

收集洗衣、洗菜、洗澡水等冲洗马桶。

定期检查水箱设备，及时更换或维修，并且不要将洗洁精等清洁物品放入水箱中，这可能会造成水箱中胶皮、胶垫的老化，导致泄漏，从而造成浪费。

抽水马桶水箱耗水量大，可在水箱内放置几个装满水的可乐瓶或易拉罐来减少冲洗水量。最好换上节水型抽水马桶。如果坐便器的水箱过大，可换装两档式水箱配件；坐便器的水箱漏水诊断，进水阀失效，水会从溢流口源源不断地流走。排水阀失效，会造成坐便器长流水，且进水管不停地向水箱供水；使用家庭中较干净的弃水冲刷厕所，做到一水多用；垃圾不论大小、粗细，都应从垃圾通道清除，而不要通过坐便器用水冲掉。

洗衣用水与卫生间节水

★ 外出就餐，尽量少更换碟子，减少餐厅碟子的洗刷量，从而减少用水。

★ 养成随手关闭水龙头的好习惯。

★ 使用中水清洁车辆。

★ 教育儿童节约用水，鼓励他们不玩耗水游戏。

★ 不浪费喝剩的茶水和矿泉水，用来浇花。灌暖壶前不要随手倒掉里面的剩水，可与其他循环水收集在一起再利用。

★ 调整自来水阀门的办法来控制水量，养成有意拧小出水龙头的习惯，这样便可节约相当的水量。

用电安全

用电安全规程

用电线路及电气设备绝缘必须良好，灯头、插座、开关等的带电部分绝对不能外露，以防触电。

不要乱拉乱接电线，以防触电或发生火灾。

不要站在潮湿的地面上移动带电物体或用潮湿抹布擦拭带电的家用电器，以防触电。湿手不要接触带电设备，不要用湿布擦带电设备，不要将湿手帕挂在电扇或电热取暖器上。

保险丝选用要合理，切忌用铜丝、铝丝或铁丝代替，以防发生火灾。保险丝的规格选择应符合规定要求。一旦电气设备发生漏电故障，应查明漏电故障再送电，严禁将漏电保护器退出运行。

所使用的家用电器如电冰箱、电冰柜、洗衣机等，应按产品使用要求，装有接地线的插座。

发现有人触电，应先设法断开电源（如在高处触电，还要采取防止触电者跌落受伤的措施），然后进行急救。

在使用电器时，应先插电源插头，后开电器开关。用完后，应先关掉电器开关，后拔电源插头，在插、拔插头时，要用手握住插头绝缘体，不要拉住导线用劲拔。

用电炒锅炒菜时，应使用木把或塑料把锅铲。

在使用电吹风、电熨斗等家电产品时，用后应立即拔掉电源插头。

带金属外壳的可移动的电器，应使用三芯塑料护套线、三脚插头、三眼插座。插座内必须安装接地线，但不要把接地线接到自来水管或煤气管上。

家用电器运行一段时间后，想了解设备外壳是否发热时，不能用手掌去摸外壳，应用手背轻轻接触外壳，即使外壳漏电也便于迅速脱离电源。

发现落地的电线。要离开 10m 以外，看护好落地电线，防止他人接近，并请电工来处理。

见有人触电时要立即切断电源，不能立即切断电源时应用木棒或其他绝缘物将电源挑开，使触电者脱离电源。

家用漏电保护器可以切除漏电的室内线路、家用电器，防止人身触电事故和电气火灾。建议安装家用漏电保护器。

家用电器省电小窍门

电视机

⭐ 要根据家庭人口的多少、房间大小选择适当尺寸的电视机。

⭐ 电视机使用时，控制电视屏幕的亮度，是节电的一个途径。

⭐ 电视机不看时应拔掉电源插头。

⭐ 电视机音量过大用电多。

⭐ 观看影碟时，最好在 AV 状态下。

⭐ 给电视机加盖防尘罩，防止电视机灰尘多了漏电。

电饭锅

⚠ 使用机械电饭锅时，在电饭锅上盖一条毛巾，注意不要遮住出气孔，减少热量损失。

⚠ 尽量选择功率大的电饭锅，省时省电。

⚠ 定时清洁电饭锅的电热盘。

⚠ 利用电热盘余热。当电饭锅的红灯熄灭、黄灯亮时，利用电热盘的余热保温 10 分钟左右。

⚠ 避免高峰用电。在用电高峰的时候，最好不用或少用电饭锅。

电风扇

○ 要选购质量过硬的产品。

○ 尽量使用电风扇降温，省电又省钱。

○ 电风扇大档换小档。

○ 风扇最好放置在门、窗旁边。

洗衣机

◇ 根据衣物的数量和脏污的程度来确定洗衣的时间。

◇ 合理选择洗衣机的功能开关。可缩短漂洗时间，节约电能。

◇ 洗涤时最好采用集中洗涤的方法。

◇ 洗衣机使用一段时间后，收紧洗衣机的皮带，采用低泡洗衣粉可以节省电。

◇ 在浸泡、洗涤、漂洗时，要将浅色衣物与深色衣物分开，按从浅到深的顺序进行。

电冰箱

⭐ 避免食物反复冷冻。对于块头较大的食物，可根据家庭每次食用量分开包装，一次只取出一次食用的量，而不必把一大块食物都从冰箱里取出来，用不完再放回去。

⭐ 提前解冻食物，以利用解冻冷气保持环境低温，节省耗电。

⭐ 合理选择冰箱，家用冰箱以每人平均容积 50 升左右为宜，三、四口之家可选择 150 ～ 220L 左右的冰箱。

⭐ 选择节能冰箱，节能冰箱保温性能好，耗电少。

⭐ 冰箱的摆放位置和环境，应将冰箱摆放在环境温度低，而且通风良好的位置，要远离热源，避免阳光直射。摆放冰箱时左右两侧及背部都要留有适当的空间，以利于散热。

⭐ 不要把热饭、热菜放入冰箱，应先放凉一段时间后再放入冰箱。

⭐ 保证冰箱冷柜门的密封性，确保冰箱冷柜门密封性良好。检查时可在关闭门时夹一张纸巾，如果纸巾可轻易拉动，则需要重新调节冰箱或冷柜的门。

⭐ 尽量减少打开冰箱门的次数。

☆ 冰箱内食品的摆放不宜过多过挤，存入的食品相互之间应留有一定间隙，以利于空气流通。

☆ 根据所存放的食品恰当选择冰箱内温度。如鲜肉、鲜鱼的冷藏温度是 -1℃左右，鸡蛋、牛奶的冷藏温度是 3℃左右，蔬菜、水果的冷藏温度是 5℃左右。

☆ 季节不同冰箱温度也不同，冰箱的温度调节控制器是省电的关键，夏天调温旋钮一般调到"4"处，冬天调到"1"处。

☆ 融化冷冻食品，先移到冰箱冷藏室内放在冰箱冷冻室内的食品，在食用前可先转移到冰箱冷藏室内逐渐融化，以便使冷量转移入冷藏室，可节省电能。

☆ 冰箱及时除霜，冰箱霜厚度超过 6mm 就应除霜。

☆ 食品封装冷藏冷冻室内的食品可用塑料袋或保鲜膜封装。

☆ 夏季制作冰块和冷饮最好安排在晚间。

☆ 可拧下冷藏室灯泡节电，既省电还可减少因开灯的温升而多耗电。

🔲 微波炉

⚠️ 掌握各种菜肴的烹调时间，做到一次启动，即烹调完毕。为减少开关机次数，可在转盘上同时放置 2～3 个容器，开机设置时间可增加 1～2 分钟。

⚠️ 微波炉适合食物的加温和解冻，参考微波食谱做菜省电效果好。密封食物应开启后再放入微波炉加热。烹调食物前，可先在食物表面喷洒少许水分以提高微波炉的效率，节省用电。

空调

🟠 使用空调制冷时，安装加厚的窗帘，少开门窗，以减少阳光的照射和热气的影响。另外，要保持空调出气管畅通，并半个月清洗一次空调滤网，确保送风口通畅，降低因堵塞造成的损耗。

🟠 家用空调制冷时，若将室内温度设在 25～28℃，约比低于 25℃ 的状态减少 6% 的耗电量，节电效果非常明显。

🟠 空调启动时最耗电，应充分利用定时功能，使空调不必整夜运转，又能保持室内凉爽。

🟠 据专业人士介绍，空调清洗一次，可节电 4%～5%；空调设定温度提高 1℃，可节能 10% 左右。

🟠 夏季使用空调时，应特别注意清洗通风口。

○ 安装空调还要尽量选择背阴的房间或房间的背阴面，避免阳光直接照射在空调器上，如果不具备这种条件，就应在空调器上加遮阳罩。使用空调的房间，最好挂一层较厚的窗帘，这样可阻止室内外冷热空气交流。

○ 分体式空调器室内外机组之间的连接管越短越好，并且要做好隔热保温，以减少耗电。

○ 空调使用过程小细节：

（1）空调运行当中，如觉得太凉，无须关闭，只要将设定温度调高即可。

（2）冷暖型空调制热时尽可能将风板向下，制冷时导风板水平，可促进室内空调循环。

（3）空调过滤网应该经常清洗。

（4）不能频繁启动压缩机，停机后必须隔 $2 \sim 3$ 分钟才能开机。

电热水器

⚠ 选用节能效果比较好的产品。

⚠ 使用电热水器时也需要充分利用其各种功能。开启中温保温功能，保持水温在 $45 \sim 50$℃。开启夜间半价电加热，一家人最好选择在同一时间段依次洗浴，这样加热更快、用电更省。

⚠ 使用电热水器应尽量避开用电高峰时间，夏天可将温控器调低，改用淋浴代替盆浴可降低费用2/3。

⚠ 如果每天都常需要使用热水、并且热水器保温效果比较好，应该让热水器始终通电，并设置在保温状态。

照明灯

⭕ 使用节能灯价格虽高，但发光率高，光线柔和，寿命长，耗电少。14W节能灯相当于75W白炽灯的亮度，可节电75％。

⭕ 保持灯泡、灯罩清洁，提高发光、反射效果。离开房间，切记关灯。峰谷电用户晚上10:00后使用家电，避峰又省钱。

电磁炉

◇ 选购时应根据用餐人数以及使用情况而定。一般来说，3 人以下家庭选 1000W 以下；4～5 人选 1300W 左右；6～7 人选 1600W 为宜；8 人以上选 1800W 电磁炉。

◇ 务必购买高速、高电压、大电流的单只大功率晶体管的电磁炉。

◇ 面板必须选购正宗的陶瓷微晶玻璃面板的电磁炉，其特征是：乳白色，不透明，触摸面板上的印花图案手感凹凸明显。

◇ 选购时，应按《使用说明书》有关检测方法，通电试机看其保护功能是否工作正常。

◇ 检测电气性能，用配套的锅具加入 0.5kg 凉水，接通电源，按下"加热"按键，在常温下加热 4～5 分钟将其烧开，说明电磁炉加热基本正常。当水烧开之后，仔细听应只听到风扇电机轻微转动声，不应有异常噪声或震动声。最后拔下电源插头，用手触摸电源插头为常温或稍有微温的，说明电磁炉电气性能良好。

家用电器安全使用

电视机安全使用

◎ 应放在室内阴凉通风处，避免阳光直射。

◎ 关机后不要立刻盖防尘罩，更不能未揭罩先开机，否则易使电视机过热。

◎ 开机时不可用湿抹布擦拭显示屏，以免显像管遇冷爆炸。

◎ 潮湿天气或梅雨季节最好每天开机一段时间去潮，防止器件损坏和漏电。

◎ 打开盖板检查、清扫前必须先切断电源，除尘应使用吸尘器，并在关机冷却后再打开除尘。

◎ 使用室外天线的用户，雷雨天气要暂停接收并拔掉天线插头，以防雷击。

64

◎ 连续收看电视节目一般不要超过 5 ～ 6 小时，看完后及时关机，不要总是让电视机保持待机状态。

电冰箱安全使用

◎ 要放在干燥通风处，避免阳光直射，也不要靠近热源。

◎ 电冰箱耗电量大，应使用三相插头，不要与其他电器共用插座。电源线不要接拉过长拖在地上，以防踩踏破损漏电。

◎ 电冰箱背后的压缩机冷凝器应与墙壁保持足够的间隔，以利于通风散热，电源线不要在压缩机周围折叠。

◎ 要经常用吸尘器把散热管上的灰尘吸掉，以防过热。打开电冰箱取物时要迅速，避免频繁打开。

◎ 断电后至少要间隔5分钟才能重新启动，如反复频繁启动会损坏压缩机。

◎ 电冰箱需定期清洁。清洁时应先取出食物，关闭温控开关，待冰全部融化后再用清水洗净，可用高效冰箱专用消毒剂喷射消毒；再用抹布擦干，每周至少清洁一次。搬运电冰箱时绝对不可倒置，否则压缩机内的制冷剂会溢出污染环境。

洗衣机安全使用

◎ 洗衣机耗电量较大，应使用三相插头，不能与其他高耗电电器使用相同插座板。

◎ 在洗衣机运转时绝对不能把手伸入桶内，不要在洗衣机上放置重物。

◎ 发现电机卡住，有异常声响或气味，要立即切断电源，停机检修。要使用防水插座，用后拔掉插头。

◎ 清洗时不要直接用水，应将各部位擦拭干净，微开机门，保持机内干燥。不要带电进行清洗和检修。

◎ 不可将50℃以上热水直接倒入洗衣机，以免塑料桶和橡胶防水密封圈因受热变形损坏。

◎ 洗衣时要先清除衣物口袋中的硬币、打火机等各种硬物，要将被洗衣物的拉链拉上；不要一次放进过多衣物；被易燃油垢污染的衣物不能放进洗衣机洗涤。

手机安全使用

◎ 最好使用原装电池和充电器，不要随意改装手机。

◎ 不要将电池放在高温环境下，避免阳光直射。

◎ 多用耳机接听电话，而不是把手机放在耳边通话。

◎ 尽量将手机放在包里而不是衣服口袋里。

◎ 不要长时间充电，也不要边充电边打电话。

移动电源安全使用

◎ 最好选择正规厂家购买，一般同类型的电源容量越大就越重。劣质电源做工粗糙，重量很轻。

◎ 给手机等设备充电时，若手机发烫要立马停止用电源充电。

◎ 移动电源温度异常增高时，要迅速断电并放到室外。

暖手宝安全使用

◎ 最好购买电热丝式热水袋，里面是U形管、圆形管或塑料线圈。

◎ 暖手宝充电时要放平，不要放在纤维织物和不耐热的物品上。

◎ 通电状态下千万不要使用暖手宝。

高压锅安全使用

◎ 使用前检查排气孔是否有堵塞、橡胶密封圈是否老化。

◎ 使用时要将上下手柄完全重合，以免造成锅盖爆飞事故。

◎ 高压锅里放的食物不能超过4/5，易膨胀的食物最好不超过锅容量的一半。

67

◎ 在加热过程中不能开盖，以免高压高温下食物爆出烫伤人。

微波炉安全使用

◎ 不使用金属容器加热，最好使用耐热的陶瓷、玻璃等容器。

◎ 不要用来加热带壳或已经煮熟的蛋，以免造成爆炸。

◎ 加热液体时使用敞口容器，避免封闭容器加热。

◎ 不要在微波炉加热油炸食品，高温后油飞溅易导致火灾。

燃气灶安全使用

◎ 燃气灶一般使用年限为 8 年，超过时间最好换掉或请专业人员检查。

◎ 定期清理灶圈上的油垢，定期清洁火孔，去除杂质等。

◎ 燃气灶在使用时应有人看管，防止火被风吹灭以及水、汤溢出将火浇灭。

◎ 钢化玻璃面板的燃气灶要注意不可重力撞击灶面，及时清理溅出的液体。

食品安全

食品安全规程

◎ 购买食物时，注意食品包装有无生产厂家、生产日期，是否过保质期，食品原料、营养成分是否标明，有无 QS 标识，不能购买三无产品。

◎ 打开食品包装，检查食品是否具有它应有的感官性状。不能食用腐败变质、油脂酸败、霉变、生虫、污秽不洁、混有异物或者其他感官性状异常的食品。不到无证摊贩处购买盒饭或食物，减少食物中毒的隐患。

◎ 注意个人卫生，饭前便后洗手，自己的餐具洗净消毒，不用不洁容器盛装食品，不在食堂乱扔垃圾，防止蚊蝇滋生。

远离世界卫生组织公布的全球十大垃圾食品：①油炸类食品；②腌制类食品；③加工类肉食品；④饼干类食品；⑤汽水可乐类食品；⑥方便类食品；⑦罐头类食品；⑧果脯、话梅和蜜饯类食物；⑨冷冻甜品类食品；⑩烧烤类食品。

预防食源性疾病

★ 不买不食腐败变质、污秽不洁及其他含有害物质的食品。

★ 不食用来历不明的食品；不购买无厂名厂址和保质期等标识不全的食品。

★ 不光顾无证无照的流动摊档和卫生条件不佳的饮食店；不随意购买、食用街头小摊贩出售的劣质食品、饮料。

★ 不食用在室温条件下放置超过 2 小时的熟食和剩余食品。

★ 不随便吃野菜、野果。

★ 生吃瓜果要洗净。

★ 不饮用不洁净的水或者未煮沸的自来水。

★ 直接食用的瓜果应用洁净的水彻底清洗并尽可能去皮，不吃腐烂变质的食物。

★ 进食前或便后应将双手洗净，养成吃东西以前洗手的习惯。

意外事故处理

触电预防要点

◎ 任何电源都必须安装漏电保护装置，任何电器都必须安装接地线。

◎ 保持开关和电器周围干燥，不要用湿手接触电源和开、关电器。注意防水，如电器进水要停止使用，待其自然干燥后再使用。

◎ 使用合格的插座和插头，耗电量大的电器最好单独使用一个电源。

◎ 使用电器前要先插电源再开电器，以免插头处出现火花。

◎ 停电时要先拔插头，防止在恢复供电时所有电器同时启动而超负荷运转。

◎ 清洁电器时也要先拔插头。

◎ 避免电器接触高温，过热时应关闭电源，如仍需使用可吹风降温。

71

触电事故的急救

发现有人触电要立即拔掉插头或拉断闸刀。如电线破损，应使用干燥的木棍或其他绝缘物挑开。如无法切断电源，救援者应穿胶底鞋或站在干燥的木板上操作，用绝缘物体推离电源或用绳索套住触电者手脚拖离，千万不能接触其身体。立即检查触电者伤势。如果触电者心跳和呼吸停止，应立即进行人工呼吸和胸外心脏按压，直到恢复心跳和呼吸，并等待医生到来。对已恢复心跳的伤者不要随意挪动，以免心室再次颤动导致停跳，应等待医生到来或伤者完全清醒后再移动。局部电灼伤可用盐水棉球擦净后，外涂烧伤药，跌伤或摔伤要进行外伤治疗。

燃气中毒事故

燃气中毒的预防

烧煤炉预防煤气中毒：经常检查炉具和烟道，发现破损、锈蚀、漏气要及时更换或修补，如有烟灰堵塞烟道要及时清除。出风口要安装弯头，出口向上，不要朝北，以防刮风时煤气倒灌。烟囱接口要顺着接牢，以防漏气。门窗上方安装风斗并经常检查是否完好。睡前检查炉火是否封好，炉盖是否盖严，风门是否打开。

72

安全使用燃气灶：一定要购买质量可靠的专用胶管，安装时要拧紧接头螺钉；经常检查，发现漏气或闻到臭味时不能点火，要赶快修理或更换。烧水熬粥时锅不要装得太满，注意看管。发现溢出熄火应立即关掉阀门，打开窗户通风，待臭气散尽再重新点火。

吃火锅预防煤气中毒：吃火锅时，在室内变暖后要及时开窗，饭馆的火锅间必须安装排风扇。

燃气中毒救治

发现有人燃气中毒后要立即抢救。应匍匐入室，严禁携带明火，也不要按门铃和打开电灯，否则可引燃空气中弥漫的燃气，甚至引起爆炸。迅速打开所有门窗，关闭燃气阀门。将中毒者转移到通风保暖处平卧，解开其衣领、腰带以便呼吸顺畅，轻度中毒者可自行恢复，重度中毒者要立即呼叫救护车，尽量送往有高压氧舱的医院。转移患者时要注意保暖，以免着凉。将昏迷患者头部偏向侧，以防呕吐物吸入肺内而导致窒息，对已无呼吸的患者需立即进行口对口人工呼吸。

沼气窒息的预防和救治

沼气池进出料口要加盖，以防人畜掉入造成伤亡。经常观察压力表水柱，夏季池内产气旺盛，压力过大时要立即用气或放气；池盖被冲开要立即熄灭烟火；下池要采取安全防护措施。将鸡、鸭、狗等小动物放入池内观察 10 ～ 15 分钟，如出现异常反应，则严禁入池。有条件的可使用机具出粪，人不下池以确保安全。下池人员要拴系安全绳，池外要有身体强壮的人看护，一旦下池人员头晕发闷要

73

立即将其拉出池外。沼气池周围严禁点火吸烟，进池出料和维修只能使用手电筒照明。夏季要适当控制投料量，防止剩余沼气泄漏，冬季增加投料并注意保温。

家庭机械伤害的预防和应急处理

在幼儿经常活动的场所，家具四角最好用软布包裹，幼儿的床沿要有护栏，有条件的可铺设地毯。家长要教育孩子不要爬树和上房顶。青少年上树摘果和上房顶晒谷要使用梯子，下面应有人保护。家具物品的摆放要底大上小、底重上轻，防止重物摔落。

防止割伤、刺伤与异物伤害，幼儿用具应尽量使用安全无毒的塑料制品或木制品。玻璃制品和陶瓷制品一旦打碎要立即清扫干净。不要让幼儿接触刀具。告诉大龄儿童正确使用刀具的方法，严禁模仿电视剧中的打斗情景。厨房刀具要放在较高处，以使幼儿够不到。螺丝刀、锤子等工具平时不用时应锁进工具箱或放入抽屉里。女孩使用针线后要马上放回盒子，细针落地可用磁铁吸起。地面上的钉子要及时捡起，家具上外露的钉子要及早拔除或锤入。不要让儿童把纽扣、硬币、橡皮、玻璃球等含在嘴里。

家庭机械伤害应急处理

遭受意外伤害要及时处理，严重的应立即送往医院急救，伤势较轻的可自行处理。首先用肥皂和清水冲洗伤口。较浅进入物可轻压伤口两侧挤出污血以及用无毒的针或镊子小心挑出或夹出，防止感染，将消炎药粉敷于创面并用消毒纱布包扎。发生碰伤有时皮肤无破损，但有可能软组织受损，可将冰袋置于伤处以减轻肿胀，次日改热敷。抬高伤部以阻止血液集中，伤势较重时应立即送往医院，转送医院途中要压迫止血。

家庭烧烫伤的救治

小面积轻度烧烫伤：迅速将伤员与热源分离；轻度烧伤可在医生指导下处理伤口；用大量流动清水冲洗伤口，水温宜在 10～20℃；红斑性烧伤使用獾油、香油、凡士林等涂抹可达到消肿止痛的功效；形成水疱时用干净柔软的纱布包扎后由医生处置，自己挑破容易感染；疼痛厉害时可服镇静止痛药。

大面积重度烧烫伤：大面积重度烧烫伤易休克

和昏迷,严重的可能危及生命,应立即送往医院抢救。现场急救要注意:局部冷却后用干净的纱布覆盖并包扎创面,如果污物或水疱破裂要用 0.9% 氯化钠溶液冲洗;可口服止痛药或肌肉注射杜冷丁以减轻疼痛和保持镇静;病人口渴时可少量多次口服治疗烧伤的中药饮片和温开水,不要大量饮水;让患者平卧,适当抬高其下肢以便血液回流心脏;脉搏和呼吸异常或停止时应立即实施心肺复苏术;幼儿烧烫伤要防止结痂时挠痒引发感染,应将幼儿双手包起或固定在床边。

4

健康保健

健康让生命有意义

疾病预防

日常预防疾病的方法

◎ 保持乐观态度

可以听轻音乐，看好电影，并与你喜欢的人在一起。

◎ 早起锻炼

每天早晨你都要锻炼，这样你就很少生病。

◎ 每天使用热水泡脚

每天用热水泡自己的脚也有利于预防疾病。

◎ 经常吃葱、姜、蒜

◎ 吃饭前洗手

◎ 经常喝茶

但是应该注意的是，易失眠的人应少喝茶，晚上最好不要喝茶。

春季常见疾病及预防

呼吸道疾病预防

◎ 少到人群密集的地方。

◎ 每天一定要通风至少半小时，保持室内一定湿度。

◎ 要戒烟戒酒，勤换内衣，保持大便通畅，保证每天饮水在1000ML左右。

◎ 饮食搭配要合理，早餐吃饱；午餐要营养丰富，蔬菜和肉合理搭配；晚餐以稀饭为主，避免吃得太饱。

◎ 适当进行有氧运动以提高抵抗力，如散步、打太极拳、骑车、打门球、乒乓球等。

◎ 保持平稳乐观的心态。

花粉过敏预防

◎ 过敏人群应少去花草茂盛的地方，也可到医院进行粉针注射。

◎ 若待在某处身体出现皮痒、全身发热、咳嗽、憋气等不适症状时，应马上离开此地，症状较轻者服用脱敏药物，严重者则应该到就近医院诊治。

◎ 春季对付过敏可以常备三类药，一是开瑞坦等抗组胺药；二是过敏反应介质阻释剂；三是糖皮质激素等。但这类激素药物仅供外用，而且不应长期应用。

哮喘病预防

◎ 要采取相应的预防措施，最大限度地减少花粉吸入。中午日晒最强，花粉的释放量最多，此时患哮喘的朋友最好不要外出，外出一定要戴口罩。

◎ 应谨慎起居，劳逸适度，减少剧烈运动；保持精神愉快；调节饮食，选择适宜食品，宜多吃富含蛋白质的食物。

◎ 如果出现花粉过敏性哮喘，应该到相关医院找专科医师诊治。

脑梗死预防

◎ 应定期体检早期发现脑血管病的危险因素，如高血压、糖尿病及高血脂等。

◎ 要注意养成良好的生活习惯，如戒烟、戒酒，饮食注意低盐、低脂、低糖，注意规律生活，保证充足的睡眠，适当健身。

红眼病预防

◎ 注意个人卫生，不用脏手揉搓眼睛。

◎ 如发现有患红眼病者应立即隔离，患者的日常生活用具做好消毒。

骨关节病预防

◎ 要做好防寒保暖。

◎ 做自我保健按摩，以驱散风寒、缓解疼痛。加强户外锻炼。饮食方面多摄取一些含大量维生素食物，以减缓骨质疏松，增强体质，减少骨关节疼痛的发生。

夏季常见疾病及预防

中暑

中暑可分为先兆中暑、轻症中暑、重症中暑。其中重症中暑又分为热痉挛、热衰竭和热射病。热射病是最严重的中暑类型。

热感冒

热感冒大多是由着凉引起的。体表或局部环境突然由热转凉，血液的温度大幅变化，引起鼻子和嗓子暂时地反射性缺血，人的抵抗力会大打折扣，使感冒病毒得以长驱直入。休息不够、暴食冷饮、长期在密闭空调房中的人最容易感冒。

水中毒

炎热的夏季，人们大量出汗之后，体内的钠、盐等电解质也随之丢失，如果此时大量饮用白开水而未补足盐分，血液会被大量的水稀释，渗透压降低，水就会通过细胞膜渗入细胞内，致使细胞水肿而发生"水中毒"。

霍乱

无痛性剧烈腹泻水样便伴呕吐，每日 10 次以上，迅速严重脱水。

痢疾

起病急，发热、腹痛、里急后重，大便量少，有黏液脓血便，每日几次到 10 次以上。

疟疾

寒战、发热，体温 39℃以上，大汗淋漓，面色苍白，全身疼痛、乏力，间歇性或隔日发作。

登革热

起病急，畏寒，高热 39～40℃，剧烈头痛，眼眶痛，肌肉关节痛，出血倾向，面、颈、胸部潮红称"三红征"，结膜出血。

空调病

空调病是指长时间在空调环境下工作学习的人因空间相对密闭，空气不流通，容易滋生致病微生物，且室内外温差较大，机体适应不良，会出现鼻塞、头昏、打喷嚏、耳鸣、乏力、记忆力减退、四肢肌肉关节酸痛等症状，常有一些皮肤过敏的症状，如皮肤发紧发干、易过敏、皮肤变差等。

热卒中

夏季气温高，人体会大量排汗，丧失水分，如果未得到及时补充，容易造成"脱水"而引起卒中。

手足口病

手足口病是由多种肠道病毒感染引起的常见传染病。临床上以发热和手、足、口、臀等部位出现皮疹、疱疹为主要表现，少数病例可出现嗜睡、呕吐等重症表现，个别可导致死亡。

预防措施

★ 接种疫苗。

★ 注意个人卫生和防护。要保持学习、生活场所的卫生，不要堆放垃圾。饭前便后、打喷嚏、咳嗽和清洁鼻子以及外出归来一定要洗手，勤换、勤洗、勤晒衣服、被褥，不随地吐痰。保持室内空气流通。

★ 加强锻炼，增强免疫力。积极参加体育锻炼，多到郊外、户外呼吸新鲜空气，每天散步、慢跑、做操、打拳等，使身体气血畅通，筋骨舒展，增强体质。

★ 生活有规律。要合理安排好作息，做到生活规律，劳逸结合。

★ 衣、食细节要注意。根据天气变化，适时增减衣服。合理安排好饮食，饮食上不宜太过辛辣，太过则助火气，也不宜过食油腻。要减少对呼吸道的刺激，如不吸烟、不喝酒，要多饮水，摄入足够的维生素，宜多食些富含优质蛋白、糖类及微量元素的食物，如瘦肉、禽蛋、大枣、蜂蜜和新鲜蔬菜、水果等。

★ 切莫讳疾忌医。在发现身体不适，或有类似反应时要尽快就医，早发现、早诊断、早隔离、早治疗，同时对患者的房间及时消毒。

秋季常见疾病及预防

胃肠道疾病预防

秋季腹泻重在保养脾胃，防止胃病复发，有胃病的人要注意保暖，饮食以温、淡、素、鲜为宜，定时定量，少吃多餐，不吃冷、硬、烫、辣、黏的食物，戒烟禁酒。

秋燥症预防

秋天必须养阴防燥，在饮食上宜常喝开水和菜汤，多吃些梨、葡萄、香蕉、银耳、青菜等滋润的食品，少吃辣椒、葱、姜、蒜等辛辣燥烈之物；在起居上要做到早睡早起。早睡以利养阴，早起以利舒肺，呼吸新鲜空气，使机体津液充足，精力充沛。

呼吸道感染预防

在秋天应注意天气变化，预防感冒首先要遵循"春捂秋冻"和"耐寒锻炼从秋始"的规律，注意随温度变化选择衣物；增加户外活动，增强体质，保持工作环境的良好通风至关重要，尽量避免出入人员密集公共场所；要适当多饮水，多吃水果，增强机体代谢；经常使用冷水洗脸洗鼻，也有助于感冒的预防。

心血管疾病预防

85

心血管病人要坚持服药，坚持进行力所能及的体育锻炼，积极防治感冒等，以避免诱发加重心血管疾病。

冬季常见疾病的预防

冬季感冒的预防

要预防流感或感冒，除了接种流感疫苗外，一要注意随温度变化选择衣物，注意保暖。

二要增加户外活动，增强体质，提高抵抗力。

三要多喝水，多吃水果，多服用维生素 C。

四要注意通风，每天开窗通风半小时到一个小时。此外，还要尽量避免出入人员密集公共场所等。流感主要通过飞沫传播，到人多的地方最好戴口罩，注意卫生，勤洗手。

感冒主要通过接触传播，不但要注意气温变化，还应尽量避免接触感冒患者，接触到感冒患者或他们碰触过的东西后要洗手。

冬季慢性支气管炎

◎ 在生活起居上多注意，饮食要适度，少吃辛辣的食物，多吃蔬菜和富含维生素 C 的水果。

◎ 注意保暖，别着凉，对于慢性支气管炎的高危人群来说，"秋冻"不可取。

86

◎ 居室要注意通风换气，早晨起来或者白天阳光比较好时最好通风半小时左右，因为室内空气污染也会引发或加重病情。

◎ 要加强锻炼，但锻炼时要注意不能大口呼吸，最好是口鼻交替呼吸。另外，已经患有慢性支气管炎的病人可以和医生学做呼吸操。

◎ 还可以打肺炎疫苗、流感疫苗来减少慢性支气管炎的发作次数。

冬季哮喘病的预防

◎ 体质过敏的人以及哮喘的高危人群首先一定要远离过敏源。

◎ 要注意保暖，以免寒冷诱发哮喘。

◎ 要注意运动不能太剧烈。

◎ 要坚持用药控制和预防，哮喘患者不要嫌用药麻烦，一定要坚持用药。还有的哮喘患者认为该病不去根，因此就不去看病，这也是不正确的。此外还要定期去医院复查肺功能，调节用药。

◎ 有条件的哮喘患者还可以记哮喘日记，用风流速仪测风流速，并记录下数据，这对到医院看病、医生诊断病情很有帮助。最后，还要尽量避免油烟，并做到哮喘的早发现、早诊治。

冬季心脑血管疾病预防

首先要知冷知热，尽可能保持身体的恒温。保持情绪稳定，避免精神紧张和情绪激动。注意劳逸结合，适当增加体力活动，定时定点休息，防止过度疲劳。另外，控制体重也很必要。平时多吃富含纤维素的食物，保持大便通畅，防止便秘。高血压患者要坚持服药，按时检测血压，注意及时降压。老年人最好随身携带硝酸甘油、速效救心丸等药物，以备发病时及早服药。一旦发病要尽快和急救机构取得联系。

冬季消化系统疾病预防

首先是饮食一定要有规律。原本胃肠功能不好的人，应注意饮食要精细，切忌暴饮暴食、酗酒，尤其不要喝冰啤酒。吃火锅时不要一味涮牛羊肉，还要适量吃些馒头、面条等面食，可对肠胃起到保护作用。

农村流行性传染病以及预防

水痘：飞沫和直接接触传播。呼吸道隔离（分开居住，病人在专用房间内）至全部皮疹干燥结痂为止或出疹后 7 天。

麻疹：飞沫传播。出疹后 3～5 天进入恢复期，呼吸道隔离至出疹后 5 天，有并发症者不少于 10 天。

风疹：飞沫传播。皮疹出现并持续 3 天后开始消退，呼吸道隔离至皮疹出现后 5 天。

流行性腮腺炎：俗称"大耳巴"，飞沫传播。呼吸道隔离至腮腺肿大完全消退，约 2 周。抗病毒治疗。

流行性感冒：飞沫传播。呼吸道隔离至退热后 2 天。

流行性乙型脑炎：虫媒传播。隔离至体温正常后 4 天。

脊髓灰质炎：飞沫和粪口传播。隔离期为起病后 40 天。第一周飞沫传播快，粪便中病毒量多，宜呼吸道、消化道隔离，后期主要从粪便中排出，因此第二周开始为消化道隔离（食具经蒸汽或煮沸消毒，食物严格分开）。

急性甲型病毒性肝炎：粪口传播。消化道隔离至病后 2 周或黄疸出现后 1 周。

急性乙型病毒性肝炎：经血液和体液传播。急性期应隔离至乙型肝炎表面抗原（HBsAg）转阴或黄疸完全消退。恢复期不转阴者，按 HBsAg 携带者处理。

猩红热：飞沫传播。呼吸道隔离至症状消失，鼻咽部分泌物培养连续 3 次转阴，一般为起病后 15 天。

白喉：飞沫传播。呼吸道隔离至症状消失后 30 天或鼻咽部分泌物连续培养 2 次转阴。

百日咳：飞沫传播。呼吸道隔离至起病后 40 天或痉咳开始后 30 天。

流行性脑脊髓膜炎：飞沫传播。呼吸道隔离至体温正常，症状消失后 3 天，但不少于发病后 7 天。

急性细菌性痢疾：粪口传播。消化道隔离至症状消失后 1 周或两次粪便培养转阴。

伤寒、副伤寒：经水、食物传播。消化道隔离至体温正常后 15 天，或体温下降后 7 天，一次间歇粪便培养连续 2 次阴性。

流行性急性病毒性结膜炎：又称"红眼病"，传染性很高，感染病毒后，几小时到 48 小时可发病。初期感觉眼内有异物，继而眼部疼痛、怕光、分泌物增多，结膜充血、出血、水肿。

预防措施：

◎ 对传染源的措施是早期发现、诊断、隔离、治疗患者和病原体携带者。对接触者进行检疫，杀灭、隔离或隔离已感染的动物。

◎ 对途径（媒介）的措施：给水消毒、污水处理，废弃物处理，改善居住环境，注意个人卫生、饮食卫生，杀灭病媒昆虫。

◎ 对易感者的措施：使用自动或被动免疫，提高人群抵抗力和使用药物预防。如预防接种是某些传染病预防的主要手段。

日常保健

人体健康的十条标准

①精力充沛；②处事乐观；③睡眠良好；④适应能力强；⑤能抵抗一般性疾病；⑥保持标准体重；⑦眼睛明亮；⑧牙齿完整；⑨头发有光泽；⑩肌肉、皮肤弹性好。

自我保健方法

①加强体质锻炼；②保持合理营养；③适当睡眠与休息；④控制调节不良情绪；⑤预防心理刺激；⑥进行健康心理训练；⑦养成良好的生活与卫生习惯；⑧及时治疗疾病。

保持情绪稳定、愉快的方法

①愉快地生活，热爱生活；②生活有意义；③做自己命运的主人；④把变化看成是学习的机会；⑤遇事不慌；⑥富有自尊与责任感。

心脏保健应注意

①经常锻炼；②不吸烟；③低脂饮食；④心情愉快；⑤睡眠充足。

肺部保健应注意

①不吸烟；②保持空气清新；③保暖防感冒；④经常锻炼。

肝脏保护应注意

①不酗酒；②不吃霉变食物；③不滥用药物；④预防病毒性肝炎。

胃的保健应注意

92

①不暴饮暴食；②有规律的饮食习惯；③不吸烟、不酗酒；④少吃腌制、熏制、油炸食品；⑤乐观开朗，劳逸结合。

保护肾脏应注意

①适当多饮开水；②不憋尿；②注意外阴卫生；④预防上呼吸道感染。

保持口腔卫生应做到

每天刷牙两次以上，饭后、睡前更重要。

用眼卫生"二要二不要"

"二要"：①读书写字姿势要端正；②连续读书写字1小时左右要休息片刻。

"二不要"：①不要在光线太暗或直射阳光下看书、写字；②不要躺着、走路或乘车时看书。

看电视注意用眼卫生

①每次看电视不超过2小时；②距离电视屏幕2m以上；③电视机安放高度与观看时眼睛呈水平位置；④观看时室内开盏小灯。

就医用药

生病时请及时就医

生病及时就医，不要相信那些所谓的偏方或者土方，不要给患者随便服用所谓的灵丹妙药。

不要迷信保健品，保健品只是对人的身体进行调理或者保健，但是不能治病，要想真正的治好病还是要去医院才可以的。

树立信心，对国家公立医院、诊所、社区卫生服务中心等国有医疗单位的信任，是你就医的第一步，对于一些小诊所、民营医院推出的"包治百病，治不好不要钱"等保持警惕，别贪便宜，切莫上当。

对自己病情或者家人病情的初步判断。

年龄的大小，小孩、儿童、发热、拉肚子、咳嗽、外伤等，一般和感冒、腹泻、流行病毒感染有关，最好可以白天及时就诊，病情变化快，小孩耐受差，所以莫拖延夜间去看门诊，延误了病情。

病情急不急，比如开水烫伤、烧伤、摔伤等，急需处理的，如果范围不大，病情不重，社区卫生院即可处理，无需至大医院就诊。

遇到一些晕厥、溺水、电击、心绞痛发作、窒息、大量食物中毒、大型车祸等，请及时拨打 120，或者路人拨打 120 等及时得到救助。

尽量白天就医，因为晚上医生少，医疗资源缺少，千万别因为忙而夜间去看急诊，那既达不到专科就诊，也往往需要等待病房医生的会诊，影响病房的医疗安全。

记得带上医疗保险卡、医疗本、身份证、就诊卡、钱、一般的衣服和纸巾等。最好是在家人或者朋友陪同下就医。

用电脑上网预约挂号

登录 39 就医助手：在百度上搜索"找医院"，或者直接登录 yyk.39.net。

如果知道自己是什么病，还没有确定医院、医生，可以在分类导航中按疾病进行查找，或者直接在搜索栏中输入疾病名称进行搜索。

如果不知道自己具体是什么病，又没有确定医院、医生，只知道大概属于什么科，可以在分类导航中按科室进行查找。

如果已经有确定的医院或者医生，可以直接在搜索栏中输入医院或者医生名称直接搜索。

如果需要境外医疗可以直接点击"境外医疗"栏目。

→ 直接搜索
→ 查找医院
→ 查找科室疾病

在查找医院中选择合适的医院→进入医院信息页→查看已开通主页挂号的医生→选择需要预约医生→点击预约挂号按钮。

有问题可以点击页面底端的按钮进行人工咨询。

在医生页面根据医生的出诊表选择预约的时间。

选择好预约的医生和时间之后，跳转到信息填写页面，填写就诊人的个人信息，需要付款的使用网银进行付款即可。

用手机上网预约挂号

使用手机和使用电脑预约挂号的流程是一样的，不同点在于手机可以通过手机浏览器登录网站预约，也可以下载就医助手 APP 预约。使用就医助手 APP 预约挂号的好处是 APP 可以利用手机 GPS 导航定位你的位置，从而为你推荐附近的医院，还可以查找去医院的路线，十分人性化。

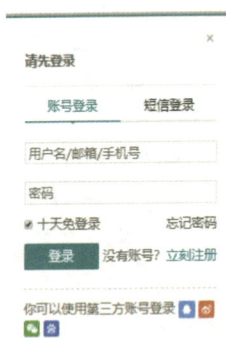

请先登录

账号登录　　短信登录

用户名/邮箱/手机号

密码

☑ 十天免登录　　忘记密码

登录　没有账号？立刻注册

你可以使用第三方账号登录

注意事项

◎ 在填写个人信息的时候记得填写的应该是就诊人的信息，即患者的信息。

◎ 预约确定后要保持手机畅通，以免漏掉预约提醒的信息，或者医生临时停诊的信息。

◎ 如果要修改预约时间或者取消预约，要提前一天以上修改信息哦，否则预缴的挂号费就泡汤啦！

去医院就医的方法

◎ 准备足够的资金，如果有必要的话还要带上自己的社保卡。看病的过程中一定要保护好自己的随身物品，保护好自己的钱财。

◎ 一个人独自去医院，不要慌张，要时刻冷静。尽量不要和陌生人搭话，如果不知道该去哪里就问医院里的保安或者护士。

◎ 看病首先要挂号，需要排队并交相应的手续费，然后听从挂号的就诊目的地，自己可以寻找也可以询问相关人员。如果提前已经在网上预约的话，是可以直接去相关科室排队候诊的。

◎ 问诊。挂号后自己的问诊顺序已出现在相关医生的电脑里，轮到自己时，医生会询问，自己也可以排队等候问诊。

◎ 把自己的病情详细地说给医生听，医生问什么，就答什么。像做个检查不知道去哪里也可以向医生请教，如果要做检查或者是留院都是需要去交费处交费的。

◎ 如果不需要交费，医生开了处方单需要自己去取药，我们也应该先去交费处交费后，在取药处取药。

认清医托，辨别骗人医院

★ 大型医院的规定：一般大型医院是不设置医生到外面看病的，骗子医托的话不要相信，说是某某医院有神医、不排队、看病效果好、花钱少等这些花言巧语都不能信，在大型的医院排队挂号就行了。

★ 医托常出没的位置：一般医托会在排队挂号的地方居多，他们装成看病人员，善于与别人搭讪，会问你有没有预约或是挂号，然后说排队时间长，当天看不上病，询问你的病情，了解情况，引导你去某某医院看病，千万小心别上当。

★ 医托锁定的目标：医托一般在医院门口就开始寻找目标人群了，他们会根据外貌，体型，口音等来辨别是不是外地人，如果是外地人首先被锁定，然后医托会过去搭讪，和你说当地医院的情况，当然说的全是医院的弊端，然后引导病人去其他的医院看病。

★ 医托的团伙作案：一般医托不是一个人，而往往是一个团伙，如果有一个医托骗人不成功，另一个医托就会再次欺骗，这往往有一个特点，他们说的"神医"往往是同一个人，所以遇到这种情况一定是医托，千万别上当。

100

★ 医托的花言巧语取得看病人的信任：医托善于与人搭讪，和病人谈有相同的经历，甚至套近乎说是同一个地方的人，自己找了一个有名的医生，治疗效果不错，花钱少，然后引导看病的人去看病，所以对于陌生人的话千万别相信。

★ 被医托骗了之后采取的措施：如果发现被医托欺骗了，首先要想办法脱身，比如说身上的钱不够，去亲戚家去拿，医托带去的医院都是不正规的小门诊，医药的价钱特别贵，这时要留有证据，用手机拍下或是录像，等到脱身后，就先报警来处理，有证据就能把钱要回来。

新型农村合作医疗制度

新型农村合作医疗（以下简称"新农合"），是指由政府组织、引导、支持，农民自愿参加，个人、集体和政府多方筹资，以大病统筹为主的农民医疗互助共济制度。采取个人缴费、集体扶持和政府资助的方式筹集资金。

参加合作医疗的农民，无论门诊或住院，实际发生的医疗费用，只要符合合作医疗相关规定，均可获得一定比例的补偿。

门诊补偿：参合农民在定点医疗机构门诊就医，其医药费用，可按县（市）制定的门诊补偿办法及补偿程序获得补偿，但在非定点医疗机构就医的不予补偿。

住院补偿：参合农民因病需住院治疗，必须在合作医疗定点医疗机构住院，其补偿方式及补偿比例需按县市制定的实施细则（方案）要求进行补偿。具体补偿比例，也是按照一级医院、二级医院、三级医院和省级及以上医院级别确定的。具体比例分别为102 60％、50％、30％、20％。个别县（市）在制定方案时，适当提高了基层定点医疗机构的补偿比例，属正常情况。

农村医疗慢性病救助卡办理需要的材料

▲ 申请书（盖村委员公章和签名）。

▲ 身份证复印件（正反面）户口本首页及本人复
印件。

▲ 医疗卡复印件（正反面）。

▲ 疾病证明书（盖医院公章）。

▲ 辅助检查资料（盖医院公章）。

▲ 一寸相片2张。

▲ 诚信计生证明。

▲ 慢性病卡有效期2年，延期要提前交乡合管办
并送合管中心办理校验。

日常用药知识

○ 服药前认清药的名称、服用方法和剂量。
○ 口服时，最好配一杯温开水。
○ 冷藏药品须和食物分开。
○ 肛门塞剂需冷藏以免软化。
○ 外用药与内服药分开存放，以免误服。
○ 严格按医生处方服药，不要随意更改。

家庭小药箱应备药

做好常见病的备药。主要包括抗感冒药、解热镇痛药、镇咳祛痰药、抗过敏药、助消化药、止泻药、通便药，眼科用药和外用药。

如果家里有老年人，还应备些心血管急救药，如治疗心绞痛的救心丸、硝酸甘油等。

如果家里有儿童，需要配备儿科专用药品，解热镇痛类、抗感冒类、镇咳祛痰类的小儿止咳糖浆、小儿清肺口服液等。

如果家里有慢性病人，应常备专科用药，并与常见病药品分开存放。不要把药都混一起，防止出现混吃。

药箱也得经常清理。建议家庭药箱最好每隔3个月左右清理一次，及时清除过期变质药品和散装的有效期不明药品。这一点很重要，很多时候，觉得家里有就没有买，晚上回家一看，过期了，耽误了吃药时间。

家庭小药箱整理

尽量将家庭小药箱存放在一个固定的场所，例如某一个抽屉或者柜子，这样家里的人在需要时能很容易找到药品。

小药箱尽量放在孩子拿不到的地方，以免孩子不懂事误用、误服药品。

药箱中的药品要做好分类，例如外用药和内用药，分开存放并且标识清楚，这样不仅方便取药，而且可以及时地补充药品。

瓶装的药品使用后要拧紧瓶盖，防止药品受潮变质，并且尽量在短期内服用完。

定期整理小药箱，清理过了保质期和已经变质的药品，用完的药品要及时地补充。

药品的外包装尽量不要丢弃，一方面是为了识别药品，另一方面是包装上面一般都会有药品的使用方法和禁忌的说明。

注意事项

有毒的药品尽量要单独存放，避免家庭人员误服造成中毒。

过期药品的处置

★ 药物回收点

在专门设有过期药品回收点的地方，可以把家中的过期药整理好送过去，自行将过期药品投入过期药品回收箱中，相关人员会定期清理箱中药品，再做统一销毁处理。

★ 送到医院或药店

如果没有设立药品回收点，可以咨询药店或者医院，一些药店或三甲医院都回收过期药。有的医院可提供黄色医用垃圾袋来回收过期药物，然后再进行统一销毁。

★ 自行处理方法

如果未找到药物回收点，那就只能自行处理了。对于普通片剂，可先用水充分泡开，然后倒入厕所冲走。胶囊剂要先把胶囊掰开，将其中的颗粒加水溶解后再倒进厕所冲走。喷雾剂应避免接触明火，彻底排空内容物后，再将瓶子丢弃。抗生素、肿瘤用药和其他特殊药品的处理前应咨询医生或药师，以免对环境造成污染。

其实，减少和杜绝过期药的最好办法，还是合理购药、安全用药。药品要随用随买，不要一次性购买大量药品，并定期清理家中的小药箱。

5

安全生产

生产再忙，安全不忘

防灾减灾

气象影响交通

公路建设选线应避开山洪与滑坡、泥石流高发区，设计路基高度要考虑地形和设置排水沟以避免雨后积水。高寒地区路基的埋深应设计为季节性冻土的最大深度以下 0.25m。多雾霾、多沙尘地区要增设路标和警示牌并尽量醒目。

发现触电，及时处理

任何电源都必须安装漏电保护装置，任何电器都必须安装接地线。保持开关和电器周围干燥，不要用湿手接触电源和开、关电器。注意防水，如电器进水要停止使用，待其自然干燥后再使用。使用合格的插座和插头，耗电量大的电器最好单独使用一个电源。使用电器前要先插电源再开电器，以免插头处出现火花。停电时要先拔插头，防止在恢复供电时所有电器同时启动而超负荷运转。清洁电器时也要先拔插头。避免电器接触高温，过热时应关闭电源，如仍需使用可吹风降温。

家庭失火应急处理

炒菜油锅着火时，应迅速盖上锅盖灭火，如无锅盖，可将切好的蔬菜倒入锅内灭火，切忌用水浇。电器起火时，先切断电源，再用湿棉被或湿衣物将火压死。电视机起火，要从侧面靠近电视机灭火。液化气罐着火，除可用湿被褥、衣物等捂压外，还可将干粉或苏打粉用力撒向火焰根部，在火熄灭的同时关闭阀门。

逃生通道被切断、短时间无人救援时，应关紧迎火门窗，用湿毛巾、湿布堵塞门缝，用水淋透房门，防止烟火侵入。

房屋火灾预防及其扑救

改进村庄建筑布局与道路，使消防车能够快速进村。修建消防水塔并埋设管道，把消火栓安装在房前屋院内，柴草与灶台要保持足够的距离，并以防火墙或盛水防火槽隔离。购置灭火器、灭火桶、灭火沙等消防器材。

取暖炉应与床铺、木窗框等可燃物保持一定的距离，炉旁不要放置废纸、刨花、柴草等易燃物，掏出的炉渣要完全熄灭后倒在安全处。生火不要使用汽油、煤油和柴油，平时做到灶前清、水缸满。教育儿童不要玩火，火柴、打火机等要放在孩子不易够到的地方。粮食存放要远离明火，入库前要充分晾晒。烧柴做饭时，灶前不要离人，已烧尽的稻草灰、木柴灰不要乱倒，烟囱必须高出屋顶 1 米以上，并在烟囱上加防火帽或挡板，积灰要及时清除。不要贪图便宜买没有质量保证的电器产品。使用液化气或沼气时，灶前不能离人，防止溢锅灭火使燃气泄漏；用完火后要先关总阀门，再关灶上开关。定期检查总阀、减压阀、炉门阀、软管是否完好，若有问题请专业人员修理，切勿自行拆卸；不可自行倾倒液化气残液；换罐途中避免碰撞、高温和暴晒。

农村房屋火灾的扑救

火灾初起时，可将灭火剂直接喷洒在燃烧物上或用水冷却灭火。但是电气设备起火时，严禁用水灭火，首先要切断电源，如无法切断，要迅速用干粉灭火器或二氧化碳灭火器灭火。当火灾有蔓延趋势时，应立即报告消防部门，并立即疏散附近村民，搬移周围柴草、秸秆、粮食、化肥、柴油等易燃物品，必要时拆掉邻屋和棚架，以防火势蔓延扩大。报火警后要派人到路口为消防车带路，并派人调用水泵以利用最近水源。

农村房屋火灾的逃生

房屋着火无法扑灭时，不要惊慌失措地盲目乱跑。逃生时应用衣服或手帕遮掩口鼻，采取较低姿势快速有序地撤离。不要大声呼喊，以防烟雾进入呼吸道。楼下发生火灾时，楼上的人要冷静、果断，想办法逃生。如果楼梯或门口火势不大，要早下决心用湿棉被、湿床单、湿浴巾裹身冲出。如果楼梯或门口已被大火封堵，楼层不高的可通过窗台、阳台、下水管、竹竿等滑下逃生，或先往地面抛棉被、床褥、海绵垫等软物，然后用手拉住窗台往下跳。楼层较高的可在门窗等牢固处拴绳或撕开被单、床单连接，顺绳或布条滑下。如无法逃出，可用湿布料、湿毛巾等封堵着火方向的门窗，并用水不断浇湿，以延缓火势蔓延的速度，同时，从未着火的门窗向外发出求救信号。

山林火灾扑救

山林火灾的扑救必须遵循"先控制、后消灭、再巩固"的原则，分阶段进行。控制火势阶段，要紧急行动封锁火头，将火势控制在一定范围内。稳定火势阶段，扑打火翼，防止火势向两侧蔓延，扑灭后巡逻迹地熄灭余火。看守火场阶段，留守人员要严格防止余火复燃，一般荒山和幼林地要监守12 小时，中龄林地要监守 24 小时以上。林火初起时要堵住火头不使其扩展，做到"打早、打小、打了"。

林火蔓延扩展后应从侧面展开扑救，注水、设定防火线并留有充分空地。水量不足时可打火、土埋，但所需时间较长，体力消耗较大，危险性也较高。火势猛烈、延烧扩大，又没有其他适当的灭火手段时，可在延烧方向的前方放火，使火焰合流以削弱火势，直至自然熄灭。

其他火灾的消防

草原火灾的预防与扑救

▲ 草原火灾的预防。重点草原防火区的县级以上政府应建立专业扑火队；有关村镇应建立群众扑火队并进行专业培训。草原防火实行预防为主、防消结合的方针，建立各级防火责任制并制订应急预案。草原防火期间应建立严格的防火与安全用火制度。除特殊需要经草原防火主管部门批准并采取严格的防火措施外，禁止在草原上野外用火。在草原上作业或行驶的机动车应安装防火装置。任何人不得丢弃火种，从事野外作业的机械设备应采取防火措施并严格遵守安全操作规程。草原防火期出现高温、干旱、大风等高火险天气时，要划定草原防火管制区，禁止一切野外用火，不准上坟烧纸、烧茬、烧荒。

▲ 草原火灾的扑救。草原火灾初起时应立即扑打、压灭，力争在火势蔓延和扩散前得以控制。一旦火灾蔓延和扩大，需组织专业队伍采用专门器具扑救，尽可能"打早、打小、打了"。常用扑火工具有风力灭火机、灭火水枪、木棒、胶条及火场清理工具。

场院火灾的预防与扑救

控制火源，严禁携带火柴进入场院和在场院做饭、吸烟。动力机械要定期检修，防止漏电和超负荷运行。场院应准备沙土、水缸、灭火器等扑火器材。休息时应有人值班看守，一旦起火要尽快利用附近的沙土和水源扑灭。如火势蔓延要立即呼叫村民救援，同时尽快移走周围的柴草、秸秆等。

机动车火灾的预防与扑救

将机动车尽快移离加油站、民房、高压电线、易燃物品仓库和树林等危险地段，尽量移往空旷地后再设法扑火。无法扑灭时要迅速逃离着火车辆。应先关闭点火开关、电源总开关和油箱盖。无法打开驾驶室车门时应打破挡风玻璃逃离。火焰逼近时要用身边的物体猛压火焰冲出一条生路，不要张嘴呼吸或高声呼喊，要及早脱去着火的衣服。发动机着火时尽量不打开机罩，要从通气孔、散热器、机车侧面和车底等处灭火。厢内货物着火时，不要轻易打开车厢门，应使用车载灭火器瞄准火源，或利用路边的沙土、浸湿的棉被和衣服、篷布蒙盖灭火。汽油着火时不能用水灭火，只能用沙土。

乡镇企业火灾的预防与扑救

加强宣传，提高消防意识；逐级建立健全消防安全责任制与组织机构，完善消防安全管理；改善消防安全基础条件，提高建筑耐火等级和工艺、设备消防安全系数，配备消防设施，加强维护管理；加强用火用电和易燃易爆物品管理。扑救火灾要考虑不同企业的火灾特点，做好劳动场所职工的安全撤离和疏散工作，防止火灾蔓延、扩大和引发有毒有害物质泄漏。矿井火灾救援的关键是及时通风。纺织、面粉加工等企业要泼水增湿以防粉尘爆炸。

防震须知

发生地震时，城市可利用附近地势空旷、没有垮塌危险的建筑物，如学校、仓库、体育馆、地下室、公园等作为临时避难场所。农村可选择没有倒塌危险、承重量不大的单层仓库和厂房作为临时避难场所，农户也可利用塑料大棚及畜舍临时避险，或在地势比较平坦、开阔的地方搭建简易房或防震棚，但要避开可能发生洪涝、滑坡、泥石流的地方。大中型紧急避难场所应按照灾区人口的分布有计划地建设，其规模应能满足全体村民临时避难的需要。短期避难场所可以村或村民小组为单位集体修建，也可由农户按照家庭人口多少和短期生活的需要利用自家材料修建。避难场所的布局要方便救灾物资的输送和分配。

被困楼房内的逃生要领

发生地震时要保持沉着冷静，迅速撤离到附近安全地区。住在楼房一层的可迅速撤离到外面，但在强烈地震的震中附近，住在楼上的人往往来不及逃离，应在室内选择能掩护身体的坚固物体和空间小、有支撑、易形成三角空间的地方躲避，如炕沿下、坚固的家具旁、内墙墙根和墙角、厨房、厕所、储藏室等。室内易碎物品较多时可先躲到桌下。遇强烈地震时千万不要跳楼逃生，因为人在地震中站立不稳，从打开门窗到跳楼需要一段时间，即使跳下也有可能被倒塌的建筑物砸埋，从三层以上跳楼非死即伤。最好在室内寻找有利的地点暂避，等地震纵波与横波过后再设法脱身。

117

被埋废墟下的自救措施

如果被埋在废墟下无法脱身，余震又不断发生，这时最重要的是树立信心，设法改善局部环境，延长生存时间，等待救援。首先要自我救护，利用衣服和毛巾等包扎伤口和止血。尽量改善所处的环境，设法避开上方不结实的倒塌物或悬挂物，挪开身边的碎砖瓦和杂物，扩大活动空间，但挪不动时不要勉强，以防周围进一步倒塌。设法用砖石、木棍等支撑残垣断壁，以防余震发生时被进一步埋压。听到外面有人呼喊时迅速敲击物体或以哨声发出信号，听不到外面有人呼喊时则应尽量保存体力。充分利用和节约使用能找到的食物和水，没有饮用水时可饮用自己的尿液，刚排出的尿液具有生理活性，要立即饮用。

震后次生灾害的防范

○ 室内次生灾害。燃气泄漏时应用湿毛巾捂住口鼻，千万不要使用明火，震后设法转移。遇火灾要趴在地上，用湿布捂住口鼻，匍匐逆风撤到安全地带。电线、电器漏电要避免接触，震后使用木棍挑开断线，设法关闭电闸。

○ 次生地质灾害。有关部门要注意监测震区山坡与沟谷，预测滑坡体与泥石流的活动。如果山坡前缘土体突然强烈上隆鼓胀，或出现规律排列的裂缝、突然局部滑坍、泉水流量异常、池塘和水田水位突然下降或干涸、动物表现异常等现象，或泥石流沟谷下游洪水突然断流、上游传来轰鸣声等，都是滑坡或泥石流即将发生的信号。有关部门要组织滑坡、泥石流险区的居民搬迁转移到安全地带。村民如在山区遇到山崩、滚石、滑坡、泥石流，要向滑坡、泥石流两侧垂直方向逃离或躲在结实的障碍物下或蹲在沟坎里，注意保护头部。

⭕ 地震堰塞湖洪水的防御。地震多发区村政府要将低洼地的居民转移到较高的安全地带。如果震后形成堰塞湖，有关部门要随时进行实地观测，关注水位上涨速度和坝体情况，编制应急预案，并在短时间内将群众撤离到安全地带，不能带走的物品就近妥善埋放或转移到相对较高处。如果堰塞湖溃坝影响了饮用水源的水质，就要迅速另寻新的安全洁净水源。当地政府要及时组织专业队伍爆破或疏挖坝体，使洪水下泄，以消除隐患。

震后防疫与环境整治

◆ 震后防疫

震后灾区群众应积极开展自我预防，卫生防疫专业人员到来后要积极配合。确保不摄入被污染的食物和水，饮用水须消毒煮沸后再饮用。避免与他人共用毛巾、餐具和洗脸水。用过的餐具尽量用沸水消毒。生活垃圾和粪便尽量远离避险地，特别是要远离水源。动物尸体要远离避险地和水源地深埋，已腐败的要先焚烧后掩埋。发现亲友有传染病症状要及时报告卫生防疫部门。不喝生水，饭前便后要洗手，不用脏水漱口或洗瓜果蔬菜，碗筷应煮沸或用消毒剂消毒，炊具也应严格消毒。不吃腐败变质或受潮霉变的食品，不吃死亡禽畜。皮肤破损者必须及时注射破伤风抗毒素，对伤口进行清创缝合，给予有效的抗感染对症治疗，严重的送往医院救治。积极预防流行性乙型脑炎、疟疾、黑热病等虫媒传染病，消灭蚊蝇。

119

◆ 震后环境整治

初期环境卫生整治的重点是保证安全饮用水的供应，首先要通过快速的水质检测掌握可作为临时饮用水源的分布及周围污染情况，大力开展饮水消毒与水质卫生监督。对水源周围、输水工具、管道和蓄水池进行彻底清理与消毒。震后由于水质受到污染，井水消毒按 $1.5 \sim 2.0 Mg/L$ 加氯，半小时后可符合饮水卫生要求。污染严重的地面水消毒，可按 $3 \sim 6 Mg/L$ 加氯。水井应修井台、井栏、井盖，水井周围 30m 内禁设厕所、猪圈及其他可能污染地下水的设施，打水应备有专用取水桶。尸体腐化分解后会产生多种有害物质，其中的多胺类化合物总称为尸碱，经细菌繁殖产生的毒素可引起人体中毒。清理大量尸体要戴经活性炭过滤的防毒口罩以消除恶臭。接触尸体时要戴手套，并特别注意防止手部外伤。操作后及饭前必须认真洗手。大量尸体的处理可在彻底消毒后用尸袋密封运至开阔地统一焚烧，焚烧时工作人员应站在焚烧点的上风向，以避免吸入有毒气体导致中毒。一时难以找到不污染周围环境的处理场所时，可以选择大深坑掩埋并使用大量漂白粉消毒。灾区垃圾每周至少清理一次，采取有效措施消毒及杀灭蚊蝇。教育儿童不要随地大小便，厕所粪坑要加药杀蛆，动物尸体要深埋并投放生石灰消毒，土层要夯实。

兴修水利，有效防洪

　　农村防洪水利工程和设施包括水库、池塘等拦蓄工程，河流堤坝等阻水工程，以及水闸、水泵、排水沟等泄水、排水设施设备等。

　　进入汛期，水库要根据汛情及时调节蓄水量，如预报将有暴雨或上游有洪峰下泄，应及时开闸泄洪，腾出库容以接纳洪水。平时要经常检查水库大坝和水闸，及时检修排除隐患。沿河农村有关部门要组织群众上堤排查，堵塞漏洞，根据水位可能上涨的幅度，适当加高和夯实河堤，在堤旁准备好足够的沙袋、石块、编织袋和挖掘机。

洪水来时保持冷静，观察水情，实现自救

洪水即将到来时的应急

　　根据媒体提供的洪水信息，结合所处位置条件冷静判断形势。村民若无须撤离，可用装满沙子、泥土和碎石的沙袋堵住大门下面的所有空隙，必要时在窗台外堆上沙袋。洪水来势凶猛需要撤离时，要提前选择最佳撤离路线和目的地，设置路标以免走错路。准备足够用几天的食品、饮用水和日用品。不便携带的贵重物品要进行防水捆扎，之后埋入地下或放到高处。制作简易的救生器材及收集食物和发送信号的用具。

121

洪水到来时的自救措施

洪水到来前来不及转移的人员要就近迅速向山坡、岗地、楼房、避洪台等处转移，或立即爬上屋顶、楼顶、大树或高墙暂避。千万不要停留在土坯房顶，因为土坯房屋一旦基部被浸会很快垮塌。洪水继续上涨时要充分利用周围一切能漂浮的材料，如桌椅、木料、木盆、木箱、轮胎、大块的泡沫塑料等作为救生器材，如有时间还可利用门板和木床扎成简易木筏。被洪水包围时要设法与当地防汛部门取得联系，报告自己的方位和险情。发现附近救援人员、救生船或飞机搜寻时，要利用各种方法向外发出求救信号。白天可挥舞颜色鲜艳的纱巾和衣服，在被困岗地用石块摆成大的SOS 图形吸引飞机注意；夜间可使用手电与火柴发光。搜救人员距离自己不太远时可大声呼喊或敲打金属器发出声响。如被洪水卷走要保持镇静，观察水情，尽量寻找和抓住任何具有浮力的物体，尽量朝与水流垂直的方向游向岸边。如无法脱离时可保持体力顺水向下游漂流，遇到树干或木桩要努力抓住，趁机摆脱。漂流时要注意躲开旋涡，如已接近要奋力向旋涡离心方向游去。

洪水过后的补救与恢复

水毁房屋的修缮

　　首先恢复村里的清洁水源和供电系统。对洪水冲刷过的房屋进行安全性评估。对还能居住的房屋在清除淤泥和污物后适当维修。对已毁坏的房屋，要根据损毁程度分别进行修复加固或拆除重建，对完全倒塌甚至无法修复的房屋，由民政部门发放重建补助金。集中连片倒塌的重灾村要结合新农村建设进行新村选址和规划。新房建成前要先建设一批临时安置房供过渡期间居住。要选择地势较高的安全地带，对村镇道路、公共场所和公共建筑物、废弃物处理设施进行统一规划。

受涝地区农业生产的恢复与补救

　　增施氮肥，促进作物恢复。低肥地增施氮肥恢复效果尤为显著。及时喷施生长调节剂。尽快排水，高温天气应逐步降低水层，阴雨天气一次排干。打捞稻田的漂浮物，洗苗扶苗，冲去泥沙，促进恢复。但对进入孕穗中后期的水稻进行人工扶苗反而会损伤稻穗。发现水稻缺株应及时补栽，缺苗严重的可将几块稻田的稻秧集中使用。淹后叶片受伤易发生病害，应及时防治。水稻受涝损失严重且后期热量较充足的，可蓄留再生稻。水退后割除地上部分，留低桩并施肥，利用其发新芽、长新根，可争取较高产量。对受灾果园应及时清除杂物，扶正树体并培土增肥，及时修剪，

123

采收尚能利用的果实。对被水淹没或冲毁的稻田应及时补种、改种早粮，做到不空田、不荒田。利用山坡地、边杂地扩种、套种增加总产。有关部门要引导菜农种植快速生长的叶菜以供应市场。农业部门要加强动物疫病防控，尽快恢复畜牧业生产，还要加强组织协调，确保灾后疫苗、种子（苗）、农机等及时到位。

防雷措施

注意关闭门窗，室内人员应远离门窗、水管、煤气管等金属物体。

关闭家用电器，拔掉电源插头，防止雷电从电源线入侵。

在室外时，要及时躲避，不要在空旷的野外停留；要远离孤立的大树、高塔、电线杆、广告牌；在户外不要使用手机。

在空旷的室外无处躲避时，应尽量寻找低洼之处（如土坑）藏身，或者立即下蹲，降低身体的高度。

雷雨天尽量少洗澡，太阳能热水器用户切忌洗澡。

常见工种安全隐患及防护措施

建筑业

建筑业施工作业具有流动性大、技术复杂多样、露天与高处作业多等特点，容易发生高处坠落、坍塌、砸伤、触电等事故。

施工中必须严格遵守操作规程，特种作业人员严禁无证上岗。

作业人员应正确使用个人防护用品并采取安全防护措施，如进入施工现场必须熟悉工作环境，特别是危险源，戴好安全帽，在没有防护设施的高空、悬崖和陡坡施工必须系安全带。在进行距地面 3m 以上的高空作业时要有防护栏杆、挡板或安全网。

体检不合格者不得从事高空作业。高空作业时衣着要灵便，禁止穿硬底和带钉、易滑的鞋；所用材料要堆放平稳，工具应随手放入工具袋。

上下传送物件时禁止抛掷。

遇 6 级以上大风或冰雪、暴雨等恶劣天气应停止作业。

高空作业与地面联系应设通信装置并由专人负责，载人外用电梯和吊笼应有可靠的安全装置。

夏季作业要注意防暑，冬季作业要注意保暖和防冻。暴风雨来临前应加固各种设施，注意防止电气设备漏电。

采矿业

采矿业中有大量的地下作业属于高危作业。以煤矿行业为例，常见的事故有瓦斯爆炸、煤尘爆炸、冒顶、突水、火灾、瓦斯中毒等。

做好预防工作，建立严格的安全制度，完善防护设施。

作业人员下井前必须充分休息，以保持充沛的体力；严禁携带明火和易燃易爆物品下井，下井时不能穿化纤衣服，要随身佩戴矿灯和安全帽，携带自救器械。

冒顶事故死亡人数通常占煤矿事故死亡总人数的 $40\% \sim 50\%$。预防冒顶事故必须做好煤层地质调查，采取正确的采掘方法，并加强支护。

发现岩石有断裂声、小石子落下或淋水增加等前兆要迅速撤离现场。通风是预防瓦斯起火爆炸的关键，必须坚持以风定产的原则。

要严密监测瓦斯浓度，如有超限必须立刻报告和处理。

主扇井口必须安装防爆门，严格控制井下火源，消除电气火花。

作业人员有权拒绝违章冒险作业。遇到直接危及人身安全的紧急情况时，有权停止作业，撤离作业场所并采取紧急避险措施。

交通运输业

交通运输业中的农民工除从事车辆驾驶外，很大一部分从事搬运和道路维护工作。交通运输业中最常见的安全事故主要是交通事故，如车辆相撞或撞人，机动车起火、翻车、倾倒等。

在运输过程中还可能发生货物掉落砸伤人、易燃易爆或有毒有害物质泄漏等事故。

从事道路清扫和维护的工人往往容易发生交通事故。因此，作业人员必须穿着鲜艳的红黄色工作服以引起驾驶员的注意，机动车驾驶员则应慢速通过，如作业人员发现车辆快速驶来应注意观察和避让，必要时暂停作业，防止交通事故发生。

作业人员在进行道路维护时，应设醒目警示牌并设隔离栏。

作业人员搬运货物时应停靠在安全地点，须穿工作服、戴安全帽，杜绝野蛮装卸，避免碰撞和挤压人体，防止在搬运时因体位不当或用力不合理而损伤局部肢体。要合理使用装卸机械以防损毁设备。运输易燃易爆或有毒有害物质的车辆一定要密封好，并有专人护送，采取严密的防范措施。

127

化工业

化工业生产大多涉及易燃、易爆、有毒或具有腐蚀性的物质，生产过程中的高温、高压条件也很容易引起火灾、爆炸、烫伤或中毒等事故。

化工企业的务工人员必须经过专门培训，熟悉工艺流程与操作规程，不得擅自改变工艺流程和工艺参数，不得推高职守，禁止无关人员进入操作岗位及动用生产设备、设施和工具。

工作场所应配备足够的消防器材和防毒面具，作业人员进入作业场所应戴好防护眼镜、口罩和防酸碱手套。进行危险部位检查和维修时，必须有人监护。

作业中发现机电设备等出现异常情况，或停电、停水、停气时，应迅速采取措施并通知相关岗位专业人员协助处理，防止系统超温、超压、跑料及机电设备的损坏，必要时按步骤紧急停机。

发生爆炸、火灾、化学物质大量泄漏等事故时，应首先切断可燃物源，立即通知相关岗位专业人员，并报告上级主管领导。

机械加工业

128

机械加工业除易发生触电事故和火灾外，还经常发生切伤、绞伤、烫伤、砸伤、挤压、碾压、卷人和碎屑伤人等机械伤害事故，以及可能发生粉尘污染、爆炸和中毒等事故。

作业机械的安全防护装置应做到结构简单、布局合理，不得有锐利的边缘和突缘；安全防护装置应具有足够的可靠性，在规定的寿命期限内有足够的强度、刚度、稳定性、耐腐蚀性、抗疲劳性，以确保作业人员的安全。

从事机械作业的人员必须经过专门培训，合格者持证上岗。作业人员须穿简洁的工作服，头戴安全帽，女工必须把头发塞进帽子里。

无关人员不得接近作业机械，如起重机作业区内禁止站人。易产生粉尘的工作场所必须戴口罩和防护眼镜，并采用湿式作业方式，作业场所还需采取密闭、抽风等防尘措施。

商业和服务业

商业和服务业的劳动虽然不直接接触机械和有毒有害物质，但大量商品和室内装修材料易燃，一旦发生火灾，有可能造成严重伤亡。由于商业区人员密集且流动性大，发生事故灾难时秩序容易失控，易发生拥挤踩踏事件。商业和服务业还是盗窃、抢劫等刑事犯罪与经济犯罪的多发场所，有时从业人员与顾客还会发生纠纷。有的餐饮业还发生过群体食物中毒事件。

商业和服务业企业都应建立严格的安全生产管理制度。

所有企业建立安全生产例会、生产安全事故隐患排查、安全生产检查、安全生产培训、安全生产责任、重点部位（设备）管理、消防设施和器材管理、

129

安全生产事故报告和处理、值班、安全生产奖励和惩罚十项制度。

商业和服务业从业人员应严格遵守各项安全制度，首先做好自身和所在岗位的安全防范工作。

要全心全意为顾客服务，遇到纠纷应耐心解释以避免纠缠。对可疑人员要提高警惕。

餐饮业从业人员除要保证自身健康外，还要保证餐饮和生产环境的清洁卫生，杜绝食物和材料污染。

遇突发事件要保持冷静，疏导顾客走安全通道。

畜牧业

一查：检查养殖场（户）畜禽舍、饲料仓库及其他相关设施，重点对依山而建、河道边上、地势低洼等易受淹受涝或易受山体滑坡影响的养殖场（户），尤其是要对地方品种资源场、重点种畜禽场采取特别预防与保护措施。

二备：备足优质饲料和一定量的农用薄膜、农用柴油，准备好抽水机、停电照明和发电设施；备足动物防疫消毒液、应急疫苗等物资。

三防：一要落实防灾措施，重点是加固畜禽养殖场所、增添消防设备、清理疏浚排水系统等，预防台风、火灾和洪涝灾害；二要落实防疫措施，加强消毒灭源，保持环境卫生，按规定做好死亡畜禽无害化处理，加强疫情监测，严禁非本场内的其他动物及动物产品入内，减少畜禽疫病的发生与传播；三要落实防暑措施，开展行之有效的通风降温工作，多喂青饲料和新鲜湿料，适当增加维生素 C 等抗应激药物，增加畜禽采食量，增强畜禽体质，禁止饲喂发霉变质饲料，确保畜禽安全度夏。

作业现场安全防护

严格遵守安全操作规程

安全操作规程是指根据作业性质、工艺流程、设备使用要求而制定的符合安全生产法律法规的操作程序。其作用是保证国家、企业、员工的生命财产安全。

《中华人民共和国安全生产法》第二十一条规定："生产经营单位应当对从业人员进行安全生产教育和培训，保证从业人员具备必要的安全生产知识，熟悉有关的安全生产规章制度和安全操作规程，掌握本岗位的安全操作技能。未经安全生产教育和培训的从业人员，不得上岗作业。"特别是一些危险的工作岗位，如未经安全培训，或当企业主要求工人违反操作规程作业或缺乏安全防护设施与措施时，工人有权拒绝并向主管部门举报。作业人员在作业时应严格遵守操作规程，不要把自己的安全甚至生命当作儿戏。

131

辨识安全标志

警告标志是提醒人们对周围环境引起注意，以避免可能发生危险的图形标志。基本形式是正三角形边框、黄底、黑边、黑图案。

指令标志是强制人们必须做出某种动作或采取防范措施的图形标志。基本形式是圆形边框、蓝底、白图案。

提示标志是向人们提供某种信息的图形符号。基本形式是正方形边框、绿底、白图案。

使用防护安全

劳动防护用品是用以保护工人在生产过程中安全和健康的一种辅助措施。

劳动防护用品的种类很多，各自具有不同的防护作用。头部防护用品主要是安全帽。安全帽能使冲击力分散，使高空坠落物向外偏离。

呼吸器官防护用品：主要是防尘口罩和防毒面具。

眼面防护用品：主要是护目镜和面罩。如电焊作业时必须戴护目镜和面罩。

听力防护用品：主要是耳塞或耳罩，用于噪声大的作业环境。

手臂防护用品：主要是防护手套，包括焊工手套、橡胶耐油手套、防X射线手套和耐酸碱手套等。

足部防护用品：主要是安全鞋，如胶面防砸安全靴、焊接防护鞋等。

躯干防护用品：主要是防护服，如灭火用阻燃工作服、酸碱作业防腐蚀工作服等。

高处坠落防护用品：主要是安全带、安全绳和安全网。

皮肤防护用品：主要是各种类型的劳动护肤用品。

使用劳动防护用品前应认真阅读产品安全使用说明书，确认使用范围和有效期，熟悉使用、维护和保养方法。如防护用品受损或超过有效期绝不能冒险使用。

改善作业环境

改进原料、工艺和设备以降低职业危害因素的产生，减少劳动者与职业危害因素的直接接触。

采取通风、密闭、隔离等安全措施，使有毒有害物质的浓度降低到达标水平；采取吸声、消声、隔音、隔振方法使噪声强度符合国家规定的要求。要自觉穿戴防护用品，严格遵守安全操作规程，减轻危害因素的影响。

沼气池施工维护规程

控温

混凝土施工时，应准备降温棚和砂石料降温冲水设备，控制浇筑温度，做好养护和表面保护，防止混凝土内温过高产生贯穿裂缝。

防爆

夏季沼气池产气量相对较多，各类池表温度较高，严禁使用明火和吸烟，特别注意防火防爆。

查漏

勤检查沼气气压及输气管道是否漏气，及时减压补漏。

农业安全用电

农业生产用电严禁私拉乱接。严禁使用挂钩线、地爬线和绝缘不合格的导线用电。

盖屋建房、排水灌溉、脱粒打稻等需在公用线路搭接电源的临时用电，应向当地供电企业办理临时用电申请。临时用电表箱内应安装合格的漏电保护器。供电前应向用户交代临时用电安全注意事项，使用结束后及时拆除。临时用电期间，用户应设专人看管临时用电设施。

农业生产中使用的移动式抽水泵，农村家庭生活使用的潜水泵，以及养殖、制茶、大棚种植等需要使用的电动机械，因工作环境相对潮湿、高温、易污染。

用户应遵循下列规定：

★ 必须安装单台设备专用的漏电保护器（末级保护）。

★ 每次使用前，要检查漏电保护器是否处于完好状态。

★ 使用的导线、开关等电器应确保满足载流量要求，绝缘和外观完好。当导线长度不满足要求需增加连接线时，接头处应用绝缘橡胶带、黑胶布等绝缘材料缠包牢靠。

★ 电动机的电缆接线连接要固定可靠，要防止使用过程中拉扯电缆或被重物碾轧。

★ 电动机露天使用时应采取防雨、防潮措施，并有专人看守。

★ 电动机械使用中发现有异常声响和异味、温度过高或冒烟时，应及时断开电源。

★ 长期停用的电器应妥善保管，新购置或长期停用的电器、农用电动机械使用前，应检查其绝缘、运转情况，所选择的熔丝（体）规格应能对短路和过负荷起到有效保护作用。

★ 潜水泵在使用过程中禁止在其附近水面游泳、放牧及洗涮，以防漏电而发生意外。

农业安全用水

减少和消除污染物排放的废水量

采用改革工艺，减少甚至不排废水，或者降低有毒废水的毒性。

重复利用废水，尽量采用重复用水及循环用水系统，使废水排放减至最少或将生产废水经适当处理后循环利用。如电镀废水闭路循环，高炉煤气洗涤废水经沉淀、冷却后再用于洗涤。

控制废水中污染物浓度，回收有用产品。尽量使流失在废水中的原料和产品与水分离，就地回收，这样既可减少生产成本，又可降低废水浓度。

处理好城市垃圾与工业废渣，避免因降水或径流的冲刷、溶解而污染水体。

全面规划，合理布局，进行区域性综合治理

◆ 在制定区域规划、城市建设规划、工业区规划时都要考虑水体污染问题，对可能出现的水体污染，要采取预防措施。

◆ 对水体污染源进行全面规划和综合治理。

◆ 杜绝工业废水和城市污水任意排放，规定标准。

◆ 同行业废水应集中处理，以减少污染源的数目，便于管理。最后有计划治理已被污染的水体。

加强监测管理，制定法律和控制标准

○ 设立国家级、地方级的环境保护管理机构，执行有关环保法律和控制标准，协调和监督各部门和工厂保护环境、保护水源。

○ 颁布有关法规、制定保护水体、控制和管理水体污染的具体条例。

污水不能直接回用农田

农村污水包括生活污水、农产品深加工废水及畜禽养殖废水。这些废水直接回用农田会引起"烧苗"及土壤板结，而且污水中的养分如氮肥，不易被作物吸收。另外，污水中大量的致病微生物、重金属易引起农产品污染，危害人体健康。

农机操作安全规程

一防"开锅"

水温超 90℃时，应选阴凉地方停机降温，并掀起发动机罩通风散热。一旦"开锅"，立即停机，待降温后再加水，切勿"开锅"过程中加水。

二防"气阻"

夏日灰尘大，注意清洁燃油滤清器、燃油箱和油路管道，使之保持清洁畅通。一旦"气阻"，应停机降温，使油路充满燃油。

三防爆胎

保持轮胎合理装配，前轮必须装配成分好的轮胎，并经常检查轮胎气压。行驶中胎温过高时，应停车于阴凉地方自然降温，切勿用冷水泼或放气办法降温。

四防润滑不良

选用夏用机油常查机油尺，保持正常机油平面。对粗、细滤清器和散热器及时清洗、保养，确保润滑良好。

五防火灾

检查紧固电线和燃油管接头，预防因接触不良产生火花或燃油管渗漏引发火灾。不用塑料桶盛装油料，以防静电起火。雷电时，油箱油不得过满，以防外溢起火。

六防中暑

安排好作业时间，避免疲劳驾驶。驾驶中出现头晕、口苦和无力等中暑现象时，应立即停机休息，待身体恢复后继续作业。

农药使用安全

根据农药性质安全使用农药

⚠ 配药时，配药人员要戴胶皮手套。必须用量具按照规定的剂量量取药液或药粉，不得任意增加用量。严禁用手拌药。

⚠ 拌种要用工具搅拌，用多少，拌多少，拌过药的种子应尽量用机具播种。如手播或点种时，必须戴防护手套，以防皮肤吸收中毒。剩余的毒种应销毁，不准用作口粮或饲料。

⚠ 配药和拌种应选择远离饮用水源、居民点的安全地方，要由专人看管，严防农药、毒种丢失或被人和畜禽误食。

⚠ 使用手动喷雾器喷药时应隔行喷。手动和机动药械操作人员均要在上风口处，不能左右两边同时喷洒，且操作人员要穿防护服。不得在大风天和中午高温时喷洒农药。药桶内药液要留有空间，以免晃出桶外，污染施药人员的身体。

141

⚠️ 用药工作结束后，要及时将喷雾器洗干净，连同剩余药剂一起交回仓库保管，不带回家。清洗药械的污水应选择安全地点妥善处理，不准随地泼洒，防止污染饮用水源和鱼塘。盛过农药的包装物品，不准用于盛粮食、油、酒、水和饲料。装过农药的空箱、瓶袋等要集中处理。浸种用过的水缸要洗净，集中保管。

农药田间喷洒规程

不在高温时段喷洒。

不长时间不间隙操作。

不用国家禁（限）止使用的农药品种。施药人员应选用身体健康的青壮年担任；施药人员在打药期间不得饮酒，打药时要采取防护措施，防止中毒；施药人员每天喷药时间一般不得超过六小时，连续施药三至五天后应停休一天。